인생의 나침반이 되어 줄 명언 이야기

인생의 나침반이 되어 줄 명언 이야기

초판 인쇄 | 2008년 11월 25일
초판 발행 | 2008년 11월 30일
엮은이 | 김이리
펴낸곳 | 도서출판 새희망
펴낸이 | 조병훈
디자인 | 디자인 감7
등록번호 | 제38-2003-00076호
주소 | 서울시 동대문구 제기동 1157-3
전화 | 02-923-6718   팩스 | 02-923-6719

ISBN 978-89-90811-20-2 00800

값 6,500원

* 잘못된 책은 바꿔드립니다.

인생의 나침반이 되어 줄 명언 이야기

김이리 | 엮음

새희망

 시작하면서

여러분의 머릿속에 떠오르는 명언은 몇 개나 되나요?

'내 사전에 불가능이란 말은 없다', '아는 것이 힘이다' … 등 위인들의 명언은 알게 모르게 우리에게 용기를 주고 꿈을 갖게 합니다. 부정적인 생각에서 긍정적인 생각으로, 포기하려는 마음에서 도전하는 마음으로 바꿔준답니다. 위대한 한 마디 말의 힘은 우리의 생각을 얼마든지 바꿔 놓을 수 있기 때문이지요.

명언이란 '이치에 맞는 훌륭한 말', 또는 '널리 알려진 좋은 말'이라는 뜻입니다. 좋은 명언을 좌우명 삼아서 곁에 두고 늘 실천하려 애쓴다면 분명히 보다 더 향상된 삶을 살 수 있습니다. 명언은 대부분 체험에서 우러나온 참다운 교훈을 담고 있습니다. 그리고 명언의 특징은 긍정적이고 진취적이며 희망적인 메시지를 담고 있다는 것입니다.

 이 책은 공부하는 학생들에게 꿈과 희망을 북돋울 수 있는 주제로 골랐습니다. 성적이 오르지 않아서 실망했을 때, 어려운 가정환경 때문에 우울할 때, 힘이 되고 위로가 될 것입니다. 교만한 마음을 바꾸어 겸손을 배우게 하고 삶 속에서 진정한 가치가 무엇인가를 곰곰 생각해 보게 할 것입니다.

 우리가 말로만 듣던 풍경을 사진을 곁들여 보면 훨

씬 더 생생하듯이, 명언도 탄생된 배경 이야기를 알면 훨씬 더 실감이 납니다. 배경 이야기가 불분명한 명언은 그 명언을 적용시킬 수 있는 이야기를 실어서 이해를 도왔습니다.

  지혜롭고 위대한 선인들의 이야기를 자양분 삼아서, 배움의 시기에 있을 때 미래를 위해 마음껏 준비할 수 있기를 바랍니다. 그리고 우리 학생 여러분들도 후손들을 위한 귀한 교훈을 담은 멋진 명언 한 가지를 꼭 남겨주시기를 기대합니다.

엮은이 김이리

차례

시작하면서 ★ 05

1. 천재란 99%의 땀과 1%의 영감으로 만들어진다 ★ 16
   에디슨(Thomas Alva Edison, 1847~1931) : 미국의 발명가

2. 내 사전에 불가능이란 말은 없다 ★ 23
   나폴레옹(Napolén Bonaparte, 1769~1821) : 프랑스의 군인 · 황제

3. 배우려고 하는 학생은 부끄러워해서는 안 된다 ★ 28
   히레르 : 이스라엘의 랍비

4. 지식이 깊은 사람은 시간의 손실을
   가장 슬퍼한다 ★ 34
   단테(Alighieri Dante 1265~1321) : 이탈리아 최대의 시인

5. 혀는 뼈가 없지만 뼈를 부러뜨릴 수가 있다 ★ 41
   위클리프(John Wycliffe, 1320?~1384) : 영국 종교개혁의 선구자

6. 죽고자 하면 살 것이고
   살고자 하면 죽을 것이다 ★ 48
   이순신(李舜臣, 1545~1598) : 조선 중기의 무신

7. 참다운 사람은 자기를 돌보지 않고
   남을 위해 일하는 사람이다 ★ 54
   스콧(Sir Walter Scott, 1771~1832) : 영국의 시인 · 소설가

8. 주사위는 던져졌다 ★ 60
   율리우스 카이사르(Gaius Julius Caesar, BC 100~BC 44) :
   고대 로마의 군인 · 정치가

9. 꿈을 지녀라. 그러면 어려운 현실을
   이길 수 있다 ★ 66
   릴케(Rainer Maria Rilke, 1875~1926) : 독일의 시인

10. 새에겐 둥지가 있고, 거미에겐 거미줄이 있듯,
    사람에겐 우정이 있다 ★ 72
    블레이크(William Blake 1757~1827) : 영국의 시인 · 화가

11. 용기가 없는 사람에게는 어떤 좋은 것도 생기지
    않는다 ★ 79
    마르쿠스 아우렐리우스(Marcus Aurelius, 121~180) : 로마 황제(161~180)

12. 책 속에 길이 있다 ★ 85
    디즈레일리(Benjamin Disraeli, 1804~1881) : 영국 정치가 · 소설가

13. 믿는 일, 해야 할 일, 하고자 하는 일은
    용감하게 하라 ★ 91
    카네기(Andrew Carnegie 1835~1919) : 미국의 기업가 · 자선사업가

14. 겸손이 없다면 인생의 가장 기본적인
    교훈도 배울 수가 없다 ★ 96
    존 톰슨(John Thomson,1856~1940) :
    영국의 물리학자

15. 말이 쉬운 것은 결국은 그 말에 대한
    책임을 생각하지 않기 때문이다 ★ 103
    맹자(孟子, ?~?) : 중국 전국시대의 유생인 맹가

16. 이 세상에서 서로 화평하게 지낼 수 있는
    한 가지 방법은 용서이다 ★ 108
    톨스토이(Aleksey K. Tolstoy, 1817~1875) : 러시아 시인·소설가

17. 두려움의 홍수를 버티기 위해 끊임없이
    용기의 둑을 쌓아야 한다 ★ 114
    마틴 루터 킹(Martin Luther King, Jr. 1929~1968) :
    미국의 흑인목사·민권운동가

18. 황금을 보기를 돌같이 하라 ★ 119
    최영(崔瑩, 1316~1388) : 고려시대 무신·재상

19. 하늘은 스스로 돕는 자를 돕는다 ★ 124
    스마일스(Samuel Smiles, 1812~1904) : 영국의 저술가

20. 사람은 자기가 한 약속을 지킬 만한 좋은
    기억력을 가져야 한다 ★ 129
    니체(Friedrich Wilhelm Nietzsche 1844~1900)

21. 매일 반성하라. 만약 잘못이 있으면 고치고,
    없으면 더 반성해 보라 ★ 135
    주희(朱熹, 1130~1200) : 중국 남송의 사상가.

22. 행복의 한쪽 문이 닫히면 다른 쪽 문이 열린다 ★ 141
    헬렌 켈러(Helen Adams Keller, 1880~1968) :
    미국 맹농아저술가·사회복지사업가

23. 노력은 항상 어떤 이익을 가져온다. 성공 못하는
    자들에게는 게으름의 문제가 있다 ★ 147
    카뮈(Albert Camus 1913~1960) : 프랑스의 작가

24. 모범이란 남에게 영향을 주는 주된 일이
아니라 유일한 일이다 ★ 153
슈바이처(Albert Schweitzer, 1875~1965) :
독일 신학자·사상가·음악가·의사

25. 아는 것이 힘이다 ★ 159
베이컨(Francis Bacon, 1561~1626) : 영국의 철학자

26. 고난과 불행이 찾아올 때 비로소 친구가
친구임을 안다 ★ 165
이태백(李白, 701~762) : 중국 당나라 시인

27. 작은 구멍이 배를 침몰시키고 죄 한 가지가
사람을 파멸시킨다 ★ 171
버니언(John Bunyan, 1628~1688) : 영국의 종교작가

28. 인색한 부자는 자신이 재산을 소유하는 것이
아니라, 재산이 그를 소유한다 ★ 178
비온 : 그리스의 시인

29. 인간의 진정한 재산은 그가 이 세상에서
행하는 선행이다 ★ 185
마호메트(Mahomet, 570?~632) : 이슬람교의 창시자

30. 희망은 강한 용기이고
새로운 의지다 ★ 190
마르틴 루터(Martin Luther, 1483~1546) :
독일 종교개혁의 지도적 신학자

31. 인내는 쓰다. 그러나 그 열매는 달다 ★ 196
루소(Jean-Jacques Rousseau, 1712~1778) : 프랑스의 사상가 · 소설가

32. 우리의 인내가 우리의 힘보다 더 많은 것을 성취할 것이다 ★ 203
버크(Kenneth Duva Burke, 1897~1993) : 미국의 비평가 · 사상가

33. 훌륭한 충고보다 값진 선물은 없다 ★ 210
에라스무스(Desiderius Erasmus 1466~1536) : 네덜란드의 인문학자

34. 정직은 가장 확실한 자본이다 ★ 216
에머슨(Ralph Waldo Emerson, 1803~1882) : 미국의 사상가 · 시인

35. 우리의 인생은 우리가 노력한 만큼 가치가 있다 ★ 222
모리악(Francois Mauriac, 1885~1970) : 프랑스의 소설가

36. 가장 지혜로운 자는 허송세월을 가장 슬퍼한다 ★ 228
단테(Alighieri Dante 1265~1321) : 이탈리아 최대의 시인

37. 행복할 때 불행에 대비하라 ★ 232
노자(老子 ?~?) : 중국 고대 도가사상의 시조

38. 약속만으로 배가 채워지지는 않는다 ★ 238
스펄전(Charles H. Spurgean, 1834~1892) : 영국의 복음주의 목사

39. 희망 속에 행복이 있다 ★ 244
포(Edgar Allan Poe, 1809~1849) : 미국의 시인 · 소설가 · 비평가

40. 최대의 영광은 한 번도 실패하지 않는 것이 아니라, 쓰러질 때마다 일어나는 데 있다 ★ 250
골드스미스(Oliver Goldsmith, 1730~1774) : 영국의 소설가 · 극작가 · 시인

41. 명예는 밖으로 나타나는 양심이며, 양심은 안에 잠기는 명예다 ★ 256
쇼펜하우어(Arthur Schopenhauer, 1788~1860) : 독일의 철학자

42. 존재하는 모든 훌륭한 것은 독창력의 열매이다 ★ 261
밀(John Stuart Mill, 1806~1873) : 영국의 철학자·정치학자·경제학자

43. 위급한 때일수록 힘보다는 지혜가 필요하다 ★ 268
이솝(Aisopos, ?~?) : '이솝 이야기'의 작자

44. 너 자신을 알라 ★ 275
소크라테스(Sookratés BC 470?~BC 399) : 고대 그리스 철학자

45. 마음이 어진 사람은 조그마한 집에 살아도 행복하다 ★ 280
홍자성 : 중국 명나라 때의 유학자

말에 관한 명언 ★ 288

지혜에 관한 명언 ★ 290

마음에 관한 명언 ★ 294

삶에 관한 명언 ★ 296

친구에 관한 명언 ★ 300

시간에 관한 명언 ★ 302

01
천재란 99%의 땀과 1%의 영감으로 만들어진다

○●
에디슨(Thomas Alva Edison, 1847~1931) : **미국의 발명가**

 미국의 오하이오 주에서 태어난 에디슨은 어려서부터 남달리 호기심이 많았습니다. 어린 에디슨의 눈에는 이 세상 모든 것들이 신기하게만 보였습니다.
 "엄마, 빗방울은 왜 하늘에서 땅으로만 떨어지나요?"
 "왜 암탉이나 오리는 알을 낳아요? 개는 강아지를 낳잖아요?"
 에디슨은 늘 엉뚱한 질문 폭포를 퍼부어서 어른들을 당황하게 만들었습니다.

 일곱 살 때 초등학교에 들어갔지만 에디슨은 학교에서 친구들을 사귈 수 없었습니다. 친구들이 에디슨과 놀아 주지 않았기 때문입니다.
 "넌 멍청하기 때문에 너랑 놀면 나도 바보가 된대. 꼴찌랑 놀면 안 된대."
 끊임없이 질문을 해대는 에디슨은 선생님들에게도 한없이 귀찮은 존재였습니다. 입학한 지 석 달쯤 되던 어느 날, 참다못한 선생님은 에디슨에게 이렇게 호통을 쳤습니다.

"돌머리, 에디슨! 이 저능아야, 말 좀 해보라구! 대체 네 머릿속에 뭐가 들었니!?"

이 말을 듣자 에디슨은 더 이상 참고 있을 수가 없었습니다. 눈물이 왈칵 솟구치면서 걷잡을 수 없는 울음이 터져 나왔습니다.

그 길로 교실을 뛰쳐나온 에디슨은 뛰어서 집으로 돌아왔습니다. 너무나 마음이 아프고 분해서 견딜 수 없었습니다.

"무슨 일이냐? 왜 울어?"

에디슨은 울면서 학교에서 있었던 일을 어머니에게 이야기했습니다. 아들의 말이 끝나자마자 어머니는 아들을 따뜻이 품에 안아주며 말했습니다.

"좋아. 학교에 그만 다녀도 돼. 선생님 대신 엄마랑 같이 공부하자꾸나."

에디슨의 호기심을 이해한 어머니는 아들이 엉뚱한 질문을 할 때도 자상하게 대답해 주었습니다. 어머니는 인내심을 가지고 에디슨을 가르쳤습니다.

독립정신이 강했던 에디슨은 돈을 벌기 위해 기차 안에서 물건을 팔았습니다. 그리고 시간을 아끼느라고 기차 안에 실험실도 만들었습니다. 그러나 실험실에서 불이 나는 바람에 큰 소동이 벌어지고 말았습니다.

"이런 못된 녀석이 있나! 승객들 안전은 생각도 안 해? 엉?"

에디슨은 노발대발한 차장에게 얼굴이 퉁퉁 부어오르도록 맞았습니다. 그때 맞아서 생긴 청각장애로 에디슨은 평생 고통을 받아야 했습니다.

에디슨이 백열등의 필라멘트를 발명 중일 때였습니다. 하루는 조수가 조심스러워하며 에디슨에게 말했습니다.

"선생님, 필라멘트를 발명하려고 벌써 90가지의 재료로 실험을 해보았지만 모두 실패했습니다. 결국 필라멘트를 발명한다는 것은 불가능한 일인 것 같아요. 그만 포기하는 것이 어떻겠습니까?"

그러자 에디슨은 고개를 흔들며 말했습니다.
"어허, 자네는 그것을 왜 실패로 생각하나? 우리들은 실패한 것이 아니고, 안 되는 재료가 무엇인가를 90가지나 알아낸 것이야. 아주 성공적인 실험이었네."
"네?"
이러한 끈기로 에디슨이 실험하고 버린 쓰레기 더미가 무려 2층 건물의 높이만큼이나 되었습니다. 그리고 마침내 2,399번의 실패를 거쳐 2,400번 만에 전류를 통해도 타지 않고 빛을 내는 필라멘트를 만드는 데 성공했습니다.

　에디슨은 평생 동안 수많은 발명품을 만들어 냈습니다. 스물한 살 때 만든 '전기식 투표 기록기'를 시작으로 '축음기'·'전기모터'·'백열전등'·'영화 촬영 기계'·'등사판'·'축전지' 등 무려 1천여 가지가 넘었습니다. 그의 발명품은 우리의 생활을 보다 편리하게 만들어주었습니다. 발명하는 일은 늘 어려웠고 수없는 실패가 이어졌습니다. 귀가 잘 들리지 않아 고통스러울 때도 그는 포기하지 않고 연구에 더욱 힘썼습니다.

　"천재는 99퍼센트의 노력과 1퍼센트의 재능으로 만들어지는 것입니다."

　발명왕 에디슨의 이 말은 혼자서 평생 피땀을 흘리며 노력했던 자신의 삶에 대한 진실한 고백이었습니다.

톡톡, 마음에 담기!

오늘날 우리가 누리는 이 밝은 세상은
에디슨의 전기 발명에서 비롯된 것입니다.
실패는 성공을 위한 기회입니다.
사물에 대한 호기심은 창의력의 바탕이 됩니다.
관심을 가지고 보면 새로운 것도 보입니다.
천재는 타고나는 것이 아니라
피눈물 나는 노력의 열매라는 것을 알아야 합니다.
그러므로 재능이 없고, 머리가 나쁘다고 불평할
것이 아니라 노력이 부족했다는 것을 반성해야
합니다. 좀 더 노력하고, 꾸준히 노력한다면
보다 더 나은 실력 향상을 기대할 수 있습니다.
다른 사람들의 눈을 두려워하지 말고
최선을 다해야겠습니다.

02
내 사전에 불가능이란 말은 없다

○ ●
나폴레옹(Napolén Bonaparte, 1769~1821) : **프랑스의 군인 · 황제**

프랑스의 나폴레옹 황제가 사관생도였을 때의 이야기입니다. 소년 사관학교 앞에 있는 사과 가게에는 휴식 시간마다 사과를 사 먹는 학생들로 늘 붐볐습니다. 그 가게의 사과가 맛있기로 유명했기 때문입니다.

그러나 돈이 없어서 늘 저만치 떨어진 곳에 혼자서 있는 학생 하나가 있었습니다. 사과를 사 먹을 돈이 없었던 그는 친구들을 바라봐야만 했습니다.

그러던 어느 날 아주머니는 가난한 그 학생을 불러서 사과 한 개를 건네주며 말했습니다.

"학생, 돈은 안 받을 테니 사과가 먹고 싶으면 언

제든 와서 먹어요."

마음씨 고운 가게의 여주인은 날마다 그 학생에게 사과를 주었습니다. 어려운 처지에 있던 학생으로서는 눈물이 날 만큼 고마운 일이 아닐 수 없었습니다.

30년 후, 그 사과 가게 여주인은 머리가 하얀 할머니가 되었습니다. 그래도 여전히 그 자리에서 사과를 팔고 있었습니다.

어느 날 장교 한 사람이 부하들과 함께 그 사과 가게를 찾아왔습니다. 장교는 사과를 사서 부하들과 나눠 먹으면서 할머니에게 말했습니다.

"할머니, 사과 맛이 정말 훌륭합니다."

할머니는 빙그레 웃으며 그 장교에게 앉으라고 의자를 권하였습니다.

"군인 양반, 자랑 같지만 황제이신 나폴레옹께서도 학생 시절에, 우리 가게에서 가끔 사과를 드셨다오. 아주 오래 된 이야기지만…."

"할머니는 황제의 소년 시절 얼굴을 기억하십니

까?"

할머니는 조용히 눈을 감았습니다. 옛날의 추억 속으로 한 발자국씩 들어가는 듯했습니다.

그때 장교가 갑자기 먹던 사과를 의자에 놓고 일어나, 할머니의 손을 꽉 잡으며 눈물을 흘렸습니다.

"할머니, 제가 바로 나폴레옹 황제입니다."

"네? 당신이 나폴레옹 황제라고요?"

"네. 30년 전에 돈이 없어 사과를 사 먹지 못할 때, 할머니께서 사과를 주셨던 보나파르트 나폴레옹입니다. 그때의 사과 맛을 지금까지 결코 잊지 않고 살아왔습니다. 언젠가는 할머니의 은혜를 꼭 갚겠다고 몇 번이고 다짐하곤 했지요."

할머니 눈에선 어느 새 기쁨의 눈물이 흐르고 있었습니다.

나폴레옹 황제는 금돈이 가득 들어 있는 주머니를 할머니 손에 쥐어 주면서 말했습니다.

"할머니, 제 얼굴이 새겨진 금돈입니다. 이 돈을

쓰실 때마다 저를 생각해 주십시오. 정말 고마웠습니다, 할머니."

나폴레옹은 오랫동안 할머니 곁에서 이야기를 주고받은 후 그 자리를 떠났습니다. 나폴레옹의 모습이 보이지 않을 때까지 할머니는 함박웃음을 지은 채 움직일 줄을 몰랐습니다.

프랑스가 스페인과의 전쟁이 한창일 때입니다. 정찰을 나갔다가 돌아온 장교가 나폴레옹에게 보고를 했습니다.

"이 산을 돌파하는 것은 불가능합니다."

장교의 말이 끝나자마자 나폴레옹은 한 치의 망설임도 없이 말했습니다.

"뭐라고? 불가능하다고? 불가능이란 말은 바보들의 사전에서나 찾아볼 수 있는 낱말이다. 내 사전에는 불가능이란 말은 없다. 한 순간의 기회를 놓치게 되면 그것이 불행한 패배로 이어진다. 승리의 비결은 망설이지 말고 재빨리 결단을 내려 신속하게 행동하는 것이다. 가장 참된 지혜는 굳은 결심이다. 배워라! 실천하라! 시도하라!"
그리고 당장 나폴레옹은 실행에 옮겼습니다.

 톡톡, 마음에 담기!

물론 이 세상에는 불가능한 일이 엄연히 존재합니다. 허황되고 터무니없는 일이 아닌 한, 투지와 패기는 어떤 일을 이루는 데 중요한 원동력이 됩니다. 해보기도 전에 할 수 없다고 낙심하여 포기한다면 얼마나 어리석은 일일까요? 공부하는 학생의 시기는 자신감이 하늘을 뚫을 수 있어야 합니다.
큰 꿈을 세우고, 그 꿈을 이루기 위해 공부하고, 인격을 갈고 닦는 시기가 지금입니다. 여러분 앞에 인생이라는 도화지가 주어진 때가 지금입니다. 어떤 그림을 그려 나갈지는 여러분만이 선택할 수 있겠지요?

03
배우려고 하는 학생은 부끄러워해서는 안된다

히레르 : 이스라엘의 랍비

2천여 년 전 바빌로니아에서 태어난 랍비 히레르는 탈무드에 나오는 세 명의 뛰어난 선생 가운데 한 사람입니다.

히레르는 스무 살 때 조국인 이스라엘로 돌아왔습니다. 당시 이스라엘은 로마의 식민지였기 때문에 유태인들의 생활은 몹시 비참했습니다. 히레르 역시 먹고 살기 위해 가리지 않고 일을 했지만 끼니를 잇기도 어려울 정도였습니다. 그러나 히레르에게는 밥을 먹는 것보다 더 중요한 일이 있었습니다.

'배워야 해. 배우지 않으면 장래 희망이 없어. 아직 젊으니까 굶주림은 참을 수 있다. 그러니 돈을 벌면 먼저 수업료부터 챙겨 놓자. 버는 돈의 절반은 무조건 수업료로 떼어놓고 그 나머지를 생활비로 써야지.'

히레르가 하는 일이란 것이 다 막일이었기 때문에 비가 오거나 노동을 할 수 없는 날에는 전혀 수입이 없는 날도 있었습니다. 당시 공부를 하기 위해서는 교실에 들어갈 때 수업료를 내고 들어갔습니다. 그러니 수업료가 준비되지 않은 날에는 교실에 들어갈 수가 없었습니다. 그럴 때마다 히레르의 마음은 너무나 안타깝고 슬펐습니다.

 '모두들 새로운 것을 배우고 있을 텐데…. 굶는 것은 괜찮은데 수업을 받지 않고서는 견딜 수가 없는걸. 어떡한다…?'

 생각에 잠긴 히레르의 머릿속에 번쩍 한 생각이 떠올랐습니다.

 '그래! 그러면 되겠다! 그렇게라도 해서 공부를 하자.'

 히레르가 생각한 것은 교실 지붕 위의 굴뚝 옆이었습니다. 그는 살그머니 교실의 지붕 위로 올라가서 굴뚝 옆으로 다가갔습니다. 그리고 굴뚝에 귀를 바짝 가져다 댔습니다. 그러자 교실에서 가르치시는 선생님의 말씀이 들려오는 게 아닙니까. 히레르의 마음속에 기쁨의 물결이 크게 출렁거렸습니다.

 '선생님 말씀이 들린다! 들려! 귀를 더 바짝 세우

자.'

그다음부터 수업료가 마련되지 않은 날이면 히레르는 어김없이 교실의 지붕 위에 올라가서 굴뚝 강의를 듣곤 하였습니다.

그런데 어느 추운 겨울날 밤, 히레르는 그만 지붕 위에서 굴뚝에 귀를 댄 채 잠이 들어 버렸습니다.

다음 날 아침, 웬일인지 교실 안이 평소보다 유난히 어두웠습니다. 마치 무슨 그림자가 드리워진 듯하였습니다.

"선생님, 이상해요. 교실 안이 너무 어두워요."
"글쎄…. 무슨 일일까? 지붕에 문제가 있나?"

선생님도 이상하게 여기고 있던 참이었습니다.

모두가 천장을 올려다보았습니다. 그러자 지붕의 창에 사람이 엎드려 있는 게 얼핏 보였습니다.

"뭐가 있나 봐요! 사람 같아요!"
"그래, 올라가 보자."

선생님은 사다리를 타고 지붕 위로 올라가 보았습

니다. 그리고 이슬로 온몸이 흠뻑 젖은 채 잠들어 있는 히레르를 보았습니다.

"세상에! 히레르! 히레르!"

"어…, 선생님! 여기에 어떻게…?"

"그렇게도 공부가 하고 싶더냐?"

엄하시던 선생님의 눈에 눈물이 어렸습니다.

그날부터 히레르는 학교의 모든 수업료를 면제받게 되었습니다. 그리고 이 일이 계기가 되어 얼마 후에는 나라 안의 모든 학교에서 수업료를 전혀 받지 않게 되었습니다.

그 후, 유태인들은 가난해서 공부를 계속할 수 없다는 사람이 있으면 이런 질문을 던지곤 하였습니다.

"이보시오, 당신은 히레르보다 더 가난합니까?"

열심히 공부한 히레르는 뒤에 랍비가 되었고, 나중에는 랍비의 으뜸인 대제사장이 되었습니다. 배움에 대한 그의 간절한 마음은 오늘날까지도 널리 전해져 오고 있습니다.

톡톡, 마음에 담기!

학생들에게는 열심히 공부하려는 학구열이
있어야 합니다. 왜냐하면 학생의 본분은
공부하는 것이고, 배우려고 하는 열심이
좋은 결과를 이끌어 주기 때문입니다.
공부를 강제로 시킬 수는 없습니다.
책상에 앉혀 놓고 감시를 할 수는 있어도
그 사람의 머릿속까지 들어가 볼 수는 없습니다.
공부를 왜 해야 하는지를 깨닫게 되면 스스로 하려는
마음이 생깁니다. 학생 때 배우는 지식을
바탕으로 해서 인생의 탑을 쌓아 나갈 수 있습니다.
지식은 마치 하나의 벽돌과도 같습니다.
많은 지식은 많은 벽돌입니다. 벽돌이 많아야 크고
튼튼한 집을 지을 수 있지 않을까요?

04

지식이 깊은 사람은 시간의 손실을 가장 슬퍼한다

○●
단테(Alighieri Dante 1265~1321) : 이탈리아 최대의 시인

 어느 나라의 감옥에 사형이 확정된 사형수가 있었습니다. 아직 젊은 청년인데 사형이 집행될 때까지 어두운 독방에 갇혀 고통스러운 나날을 보내고 있었습니다.

 '내 신념은 변하지 않는다. 나는 옳다고 믿는 일을 했을 뿐이다.'

 사상범이었던 사형수는 스스로를 위로하며 침착하게 지내려고 애썼습니다. 슬퍼하며 조바심을 친다면 남은 시간이 더욱 견디기 어려울 것 같았습니다.

'당당하게 운명을 받아들여야지.'

시간이 흘러서 사형을 집행하는 날이 되었습니다. 사형수를 데리러 집행관들이 몰려 왔습니다.

"나오시오."

사형수는 태연하게 받아들이려고 애썼지만 자기도 모르게 부르르 몸이 떨리는 것을 억제할 수가 없었습니다. 다리에 힘이 풀려 걷기도 힘겨웠습니다.

형장으로 가는 길에 사형수는 고개를 들어 파란 하늘을 올려다보았습니다. 생전 처음 보는 듯이 맑은 하늘이었습니다.

'오, 하늘이 저토록 아름다운 푸른색이었던가!'

눈에 보이는 사물이 모두 다 새롭게 보였습니다. 귀하게 보였고, 아름답게 느껴졌습니다. 멀리 보이는 나무 한 그루에도 애틋한 마음이 들었습니다.

사형장에는 많은 사람들이 조용히 앉아서 사형수를 기다리고 있었습니다. 사형 집행에 필요한 모든 준비가 끝나 있었습니다. 분위기는 엄숙했고 모인 사람들의 표정은 더없이 어두웠습니다.

"지금부터 5분의 시간을 주겠소."

마지막으로 사형수에게 5분의 시간이 주어졌습니다. 비록 짧긴 했지만 더없이 소중한 시간을 준 것이 고맙게만 여겨졌습니다.

'내 생애 마지막 5분이로구나. 이 5분을 어떻게 쓸까?'

사형수의 머릿속이 분주해졌습니다.

'그래. 나를 알고 있는 모든 이들에게 작별 기도를

하는 데 2분을 쓰자. 그리고 오늘까지 살게 해 준 하느님께 감사하고, 곁에 있는 다른 사형수들에게 한 마디씩 인사를 건네는 데 2분을 쓰자. 마지막으로 나머지 1분은 내 인생에 베풀어준 자연의 아름다움과 최후의 순간까지 발을 딛고 서 있게 해 준 땅에 감사를 전해야겠다.'

사형수는 한 사람, 한 사람 가족들과 친구들에게 마음속으로 작별인사를 해 나갔습니다.

'아, 가족들이 나 때문에 얼마나 슬퍼할까?'

사형수의 가슴이 미어지면서 뜨거운 눈물이 흘러내렸습니다. 벌써 2분이 지나 버렸습니다. 다음으로 자신의 지난 삶을 돌이켜 보며 정리해 나갔습니다.

'28년을 이 세상에서 살았구나. 그런데 3분 후면 끝이라니…!'

아득한 절망감이 몰려오며 사형수의 눈앞이 캄캄해졌습니다.

'내가 왜 좀 더! 28년이란 세월을 왜 좀 더 아끼며 살지 못했던가! 아, 금쪽같은 시간을 귀하게 쓰지 못한 게 후회스럽다. 언제까지나 내게 주어지는 게 시간인 줄 알았어. 제발, 다시 한 번 살 수 있다면…!'

뜨거운 눈물을 흘리는 순간, 갑자기 집행장이 크게 술렁이기 시작했습니다. 그리고 믿을 수 없는 놀라운 소식이 날아들었습니다.

"사형집행 중지! 중지명령이 내렸습니다."

이렇게 해서 기적적으로 목숨을 건지게 된 그 사형

수가 바로 세계적인 문호인 도스토예프스키입니다. 그는 죽음 앞에서 구사일생으로 풀려나 새 인생을 살게 되었습니다.

'아, 그 날의 그 5분! 결코 잊을 수 없는 시간이지.'

그는 평생 사형집행 직전에 주어졌던 그 5분을 기억했습니다. 죽을 때까지 머릿속에 간직하고 각오를 다지며 살았습니다. 그때를 생각하면 단 1분이라도 헛되이 쓸 수가 없었기 때문입니다.

'후회의 눈물을 흘리지 않기 위해, 순간순간 최선을 다해 살아야 해.'

그 결과 그는 인류의 마음을 감동시키는 위대한 작품을 탄생시켰습니다. '죄와 벌'·'카라마조프가의 형제들' 등 세계 문학사에 길이 남을 수많은 명작을 남겼습니다.

톡톡, 마음에 담기!

우리는 시간 관리를 어떻게 해 왔을까요?
나에게 최후의 5분밖에 시간이 없다면,
과연 나의 마지막 시간을 어떻게 사용해야 할까요?
인생은 5분의 연속이라는 것을 알고 순간을 허비하지
않고 살아야 합니다. 내게 주어진 시간에 감사하고
보람 있는 일에 값지게 쓸 수 있어야 합니다. 또한 나의
시간을 중요하게 생각하는 만큼 남들의 시간도 헛되이
빼앗지 말아야 합니다. 시간 관리를 잘 해서 뉘우침 없는
하루하루를 보내야겠습니다.

05
혀는 뼈가 없지만
뼈를 부러뜨릴 수가 있다

○●
위클리프(John Wycliffe, 1320?~1384) : 영국 종교개혁의 선구자

 옛날 어느 나라의 임금님이 갑자기 큰 병에 걸렸습니다. 명의로 소문난 많은 의사들이 찾아와서 진찰을 했지만, 아무도 치료 방법을 찾아 내지 못했습니다. 하루가 다르게 임금님은 더욱더 쇠약해져만 갔습니다. 이제는 걷거나 앉아 있기도 힘이 들 정도였습니다.

 그런데 어느 날, 이 세상에서 가장 뛰어나다는 의사가 찾아와 진찰을 했습니다.

 "오, 이 세상 최고의 명의라니 알 수 있겠구려! 내

병을 고칠 방법이 있소?"

불안해하는 임금님에게 의사는 밝은 표정으로 대답했습니다.

"걱정 마십시오. 대단히 드문 병이긴 하지만, 암사자의 젖을 드시면 치료가 됩니다."

의사의 말에 임금님은 의사의 두 손을 잡으며 뛸 듯이 기뻐했습니다.

"임금님, 사납기로 유명한 그 암사자의 젖을 어떻게 구하느냐가 큰 문제입니다."

임금님은 즉시 온 나라에 포고령을 내렸습니다.

'암사자의 젖을 구해 오는 사람에게는 누구를 막론하고 큰 상을 내리겠다.'

상은 욕심났지만 많은 사람들이 선뜻 나서지 못했습니다.

'사람을 잡아먹는 무서운 암사자잖아? 포기하고

그냥 이대로 편히 사는 게 낫지.'

그 때 시골에 살고 있던 한 배짱 좋고 영리한 청년이 이 포고령을 보았습니다.

'임금님의 고통이 얼마나 심하실까? 암사자의 젖을 꼭 구해 병을 고쳐 드리고 싶다.'

청년은 먼저 암사자가 살고 있는 동굴을 찾아냈습니다. 그리고는 다른 곳에서 새끼사자를 몇 마리 구해 왔습니다. 그런 다음, 이 청년은 사자가 사는 동굴 근처까지 가서 새끼사자를 한 마리씩 어미사자에게 주었습니다.

시간이 지나면서 청년은 어미사자와 조금씩 낯을 익혀 갔습니다. 그래서 열흘쯤 지났을 때는 제법 어미사자와 함께 뒹굴며 놀 만큼 친해졌습니다.

'이제 조금씩 젖을 짜 보자.'

얼마 안 가서 청년은 임금님의 병을 고칠 수 있을 만큼 어미사자의 젖을 충분히 짜낼 수가 있었습니다. 청년은 서둘러 임금님이 계시는 왕궁을 향해 걸었습니다. 피곤에 지칠 대로 지친 청년은 길가에 앉아 잠깐 쉰다는 것이 그만 깜박 잠이 들어 버렸습니다. 꿈속에서 사나이는 자기 몸의 여러 부분이 서로 잘났다고 싸우는 꿈을 꾸었습니다.

"발이 최고야! 내가 없었다면 사자가 사는 동굴까지 갈 수나 있어? 내가 으뜸이라구!"

먼저 다리가 말했습니다. 그러자 눈이 나서면서 소리쳤습니다.

"흥! 말도 안 돼! 눈인 내가 없었다면 사자의 동굴을 어떻게 찾지? 내가 최고야!"

그러자 심장이 또박또박 말했습니다.

"허허, 까불지 마. 강한 심장이 없었다면 어떻게 사자와 어울릴 수 있단 말이냐? 또 숨을 쉬지 않고 살 수가 있어? 다 심장 덕분이야."

그 때 가만히 듣고 있던 혀가 불쑥 나섰습니다.

"시끄러워! 다들 그래 봐야 헛일이야. 내가 가장 중요하다구!"

혀의 말을 들은 몸의 각 부분은 모두 다 무섭게 화를 냈습니다.

"사자의 젖을 구하는 데 아무 도움도 안 된 주제에 건방지긴!"

모두가 한꺼번에 다그치자 혀는 풀이 죽어 아무 말도 하지 못했습니다.

어느덧 청년은 궁전에 도착했습니다. 그 때 혀가 불쑥 말했습니다.

"너희들 잘 봐둬. 인제 곧 누가 제일 중요한지 곧 알게 될 테니까…."

궁궐 안에 들어간 사나이는 신하의 인도를 받아 암사자의 젖을 임금님께 바쳤습니다.

"오, 수고했다. 이게 그 귀한 암사자의 젖이냐?"
 그러자 청년의 입에서 전혀 엉뚱한 말이 튀어나오는 것이 아닙니까.
 "아닙니다. 이건 암캐의 젖입니다."
 "뭐, 뭐라고…?"
 임금님의 얼굴이 붉으락푸르락해졌습니다. 혀의 말을 들은 몸의 각 부분 역시 소스라치게 놀랐습니다. 임금님의 노여움을 산다면 그 자리에서 죽음을 당하게 될 테니까요.
 '아, 혀는 정말 중요하구나!'
 그 때야 몸의 각 부분은 혀의 힘이 얼마나 큰가를 깨닫고는 사과를 했습니다. 그러자 혀는 얼른 이렇게 고쳐 말하는 것이었습니다.
 "제가 실수를 했습니다, 임금님. 이건 틀림없는 암사자의 젖입니다."
 "허허, 그래? 수고했다. 큰 상을 내리도록 하마."
 청년은 임금님에게 큰 상을 받았습니다.

톡톡, 마음에 담기!

혀가 하는 일, 즉 말이 얼마나 중요한가를 교훈하는 이야기입니다. 자칫 혀가 실수할 경우, 다시 돌이킬 수 없는 커다란 불행을 가져온다는 것도 알게 됩니다.

말조심은 몸에 배어 있어야 합니다.

말씨가 예의바르고 공손하면 좋은 인상을 심어줄 수 있습니다. 우리 속담에 '한 마디 말로 천 냥 빚을 갚는다'는 말도 있지 않습니까. 늘 바른말·고운말을 쓰고 남에게 힘을 줄 수 있는 말, 용기를 불러일으켜 주는 말을 사용해야 하겠습니다. 남의 험담을 하면 먼저 내 입술과 마음이 더러워진다는 것을 알아야겠습니다.

06

죽고자 하면 살 것이고
살고자 하면 죽을 것이다

이순신(李舜臣, 1545~1598) : 조선 중기의 무신

 명량대전을 앞둔 1597년 9월, 다시 수군통제사가 된 이순신은 배 위에 앉아 바다 저편으로 넘어가는 해를 바라보고 있었습니다. 휘하의 군사라야 배 열한 척에 백여 명의 군사뿐이었습니다.

 "아버님, 먼바다에 이른 적의 함대는 적게 잡아도 2백여 척이나 된다고 합니다. 어찌 상대가 되겠습니까?"

 맏아들 회의 눈에서 눈물이 흘러내렸습니다.

 "회야, 무슨 소리를 하느냐? 아직도 우리에게는 배

가 열한 척이나 있지 않느냐!"
이순신은 담담한 목소리로 말했습니다.
9월 14일 아침, 다급한 보고가 들어왔습니다.
"장군님! 적의 함대 중에서 55척이 어란 앞바다에 나타났습니다!"
"음…, 올 것이 왔구나!"
이순신의 얼굴에 비장함이 어렸습니다.
'우리 배의 수효가 워낙 작구나. 맞설 수가 없어. 진을 옮겨야겠다. 명량 어귀를 배후로 삼을 수는

없으니 우수영 앞바다로 옮기자.'

다음날 새벽, 이순신은 작전을 지시하고 출전 명령을 내렸습니다.

군관들과 병사들의 얼굴에서는 활기라고는 찾아보기가 어려웠습니다. 오히려 겁을 잔뜩 집어먹은 표정이 싸우지 않고도 미리 패배한 모습 같았습니다.

'안 되겠다. 싸우려는 의지를 먼저 불타오르게 해야 한다.'

이순신은 배 열한 척과 모든 장병들을 모아 놓고 말했습니다.

"죽고자 하면 살 것이고 살고자 하면 죽을 것이다! 이 말은 죽을 것을 각오하고 용감하게 싸우면 죽음이 그를 피해 갈 것이고, 비겁하게 살겠다고 기회를 엿보면 오히려 죽음이 그를 덮치게 될 것이라는 말이다. 나는 내 민족을 위해 목숨을 바치겠다."

이순신의 비장한 말에 군사들의 생기 없는 눈에서 빛이 나기 시작했습니다.

"그대들도 나라를 위해 목숨을 바치겠는가?"
"네!"
처음으로 힘찬 목소리가 울려 나왔습니다.
"나와 함께 운명을 같이하겠는가?"
"네-옛!"
죽음을 각오한 병사들의 함성이 이제는 하늘을 찌를 듯했습니다.
'으음, 이제는… 됐다.'
이순신의 눈에 물기가 어렸습니다.
9월 16일, 드디어 적의 함대는 130여 척에 이르렀습니다. 순식간에 적군의 배가 우리 배를 몇 갑절씩 에워싸기 시작했습니다. 그때,
"돌격하라!"
큰 함성과 함께 이순신의 배가 적의 중심부를 향해 무섭게 돌진해 들어갔습니다. 그러자 나머지 배들도 포문을 열고 공격하며 돌진해 나갔습니다.
"아니! 이런…!"

무서운 기습에 적의 배들은 당황하였습니다. 순식간에 이순신의 배는 적선 30여 척을 침몰시켰습니다. 적군이 우왕좌왕하는 틈을 타서 김석손이 활에 맞은 적장의 목을 베자, 우리 수군의 기세는 더욱 높아갔습니다.

"적군을 울둘목으로 몰아라!"

이순신은 미리 울둘목에 쇠줄을 설치해 놓았습니다. 달아나던 적선들은 울둘목에 이르자 거센 물살 속에서 쇠줄에 걸려 균형을 잃고 자기네 배들끼리 부딪쳐 침몰하는 등 아수라장이 되었습니다.

이것이 겨우 열한 척의 배로 130여 척의 적선을 무찔러 승리를 거둔 명량해전입니다. 세계의 해전 역사상 그 유례를 찾아보기 힘든 대승리를 이순신은 거둔 것입니다. 병사들의 마음속에 죽음을 초월한 애국심과 민족정신을 고취시켜 준 이순신의 간절한 마음이 기적과도 같은 승리를 이끌어온 것입니다.

톡톡, 마음에 담기!

전투 능력이 비교도 안 될 만큼 큰 차이가
나는 두 나라 사이의 전쟁에서, 열세에 놓인
나라가 승리하기란 하늘의 별을 따는
것만큼이나 어려운 일입니다.
정신력으로 싸워서 이겼다고 해도
지나친 말이 아닙니다.
'일당백(一當百)'이라는 말이 있습니다.
한 사람이 백 사람을 당할 수 있다는 뜻입니다.
강한 정신력은 그만큼 힘이 있다는 것을 알고,
정신을 더 강하게 단련하는 일을 게을리 하지
말아야겠습니다.

07

참다운 사람은 자기를 돌보지 않고 남을 위해 일하는 사람이다

○●
스콧(Sir Walter Scott, 1771~1832) : 영국의 시인·소설가

플로렌스 나이팅게일은 1820년 5월 12일에 이탈리아의 플로렌스에서 태어났습니다. 큰 부자였기 때문에 두루 여행을 다니던 중에 태어난 것입니다.

"여보, 우리 딸은 플로렌스에서 태어났으니, '플로렌스'라고 부르는 게 어떻겠소?"

"네, 좋아요. 아름다운 딸이 되라는 뜻도 있고요…."

플로렌스는 조용한 성격이었습니다. 뛰어놀기보다는 앉아서 책을 읽는 것을 더 좋아하였습니다. 생각

에 잠기는 때가 많은데 우두커니 앉아만 있는 게 아니었습니다. 어떤 이야기를 만들어내고, 그 이야기 속의 주인공이 되기도 하였습니다. 플로렌스는 날마다 더 풍부한 상상력을 키워 가고 있었습니다.

아버지는 플로렌스가 13살이 되자 가정교사를 들여 공부를 시켰습니다. 플로렌스는 정해진 시간을 꼬박꼬박 잘 지키며 열심히 공부했습니다.

16살이 된 플로렌스는 '비밀 메모' 라는 것을 적기 시작하였습니다. 그것은 혼자만 아는 사실이나 생각

등을 남몰래 적어 두는 것이었습니다. 그 비밀 메모 중 1837년 2월 7일에는 다음과 같은 내용이 적혀 있었습니다.

> '기도하는 도중에 나는 하느님으로부터 계시를 받았다. 틀림없는 하느님의 음성이었다.
> "너를 나의 종으로 삼겠다."
> 나는 이제 하느님을 위해서만 일해야 한다.'

이 때 플로렌스가 병에 시달리는 환자를 간호하는 일을 하겠다고 결심한 것은 아니었습니다. 그저 막연한 어떤 신념이 싹튼 것뿐이었습니다.

어엿한 처녀가 된 나이팅게일은 많은 다른 귀족들이 그러하듯 세계를 두루 여행도 해보았습니다. 파리에서 쇼핑도 하고 영국 여왕이 베푼 파티에도 참가했습니다. 그런데도 마음에 기쁨이 없었습니다.

'왜 내가 이런 생활을 하고 있지? 아무 기쁨도 없

는데….'

귀족적인 생활에서 의미를 찾을 수 없었던 나이팅게일은 다시 공부를 하기 시작했습니다.

1842년, 영국에는 큰 어려움이 닥쳤습니다. 질병과 굶주림에 허덕이는 사람들이 늘었습니다. 부자들과 귀족들이 도움의 손길을 뻗치기 시작했습니다. 나이팅게일도 불행한 사람들을 찾아다니며 약과 음식 등을 갖다 주었습니다.

이 무렵, 나이팅게일은 정말 자기가 하고 싶은 일을 찾아냈습니다. 병원에서 병과 싸우는 환자들을 보면서 마음이 뜨거워졌던 것입니다.

'그래! 환자를 돌봐주는 일이 내 일이야. 잘 보살펴 주려면 먼저 정확한 지식이 있어야 해. 병원에 들어가서 간호법부터 배워야겠다.'

나이팅게일은 가족들에게 자신의 결심과 계획을 말했습니다.

"뭐라고? 제정신이냐?"

온 가족이 다 펄쩍 뛰며 반대했습니다.

"네가 왜 그런 힘든 일을? 미쳤구나!"

어머니는 고생을 사서 하는 딸의 선택에 부들부들 떨기까지 했습니다. 당시의 병원은 몹시 열악한 환경에 놓여 있었습니다. 갈 곳 없는 환자들이 몰려 있었고 시설도 엉망이었습니다. 죽은 사람이 덮었던 이불을 다른 환자가 덮었으며, 환자를 보살피는 간호사가 죽는 일도 많았습니다.

"부러울 것 없는 네가 왜? 왜 하필 그런 궂은 일을 하겠다는 거냐?"

딸의 고집을 꺾지 못한 아버지는 한숨을 쉬며 말했습니다.

이듬해인 1851년, 31살이 된 나이팅게일은 독일의 간호사 학교인 카이젤스벨트에서 3개월간 간호법을 배우고 돌아왔습니다. 그리고 1853년에 런던 자선병원의 원장이 되었습니다.

그 해에 크리미아 전쟁이 일어났습니다. 연합군이 승리를 거두었는데도 엄청난 전사자와 부상병이 생겼습니다. 나이팅게일은 이때 훈련된 간호사 38명을 이끌고 싸움터로 달려가서 많은 장병들의 목숨을 구했습니다. 나이팅게일은 1860년에 간호사 학교를 세웠으며 간호 시설을 고쳐 나갔습니다. 환자를 위해 봉사의 삶을 산 나이팅게일은 '백의의 천사', '간호사의 어머니'로 불립니다.

톡톡, 마음에 담기!

남을 돕는 마음이야말로 참다운 사람이 가져야 할 아름다운 마음입니다. 그 마음은 사람이 처음 태어났을 때부터 가졌던 바르고 착한 마음, 욕심 없이 깨끗한 마음을 말합니다. 부모님에게 효도하고 이웃에게 사랑을 베푸는 소박한 마음을 말하지요. 살면서 욕심이 생겨서 남보다 더 갖기 위해 나쁜 일도 저지르게 되면서 본래의 사람다움을 잃어가는 일이 많이 있습니다. 진정으로 중요한 것이 무엇인지 깨달아서 사람다움을 잃지 않는 어른으로 성장해 나가야겠습니다.

08

주사위는 던져졌다

○ ●
율리우스 카이사르(Gaius Julius Caesar, BC 100~BC 44) : 고대 로마의 군인 · 정치가

 율리우스 카이사르는 고대 로마의 뛰어난 전략가입니다. 지중해를 중심으로 여러 나라를 정복하여 로마 제국의 기틀을 탄탄하게 다졌습니다.

 기원전 60년, 카이사르는 폼페이우스, 크라수스와 함께 제1회 삼두 정치(세 사람이 권력을 나누어 다스린 정치)를 시작했습니다. 원로원이라는 권력 집단에 맞서기 위해 서로 뭉친 것입니다.

 그런데 폼페이우스는 카이사르를 늘 마음속으로 시기하고 있었습니다. 왜냐하면 카이사르가 갈리아

(지금의 프랑스 지역) 지방을 평정하여 이름을 날리고 있었기 때문입니다. 그러던 중 크라수스가 전쟁터에서 죽음을 당했습니다. 그의 죽음으로 삼두 정치가 무너질 위기가 오자 폼페이우스는 속으로 기뻐했습니다. 권력을 혼자서 독차지하고 싶었기 때문입니다.

'오, 하늘이 나를 돕는군. 이 기회에 카이사르를 제거해야겠다!'

그는 원로원과 손을 잡고 카이사르를 없앨 계획을

세웠습니다. 사실 원로원도 카이사르의 힘이 무섭게 커 나가는 것을 경계하고 있던 터였습니다. 한 사람에게 권력이 집중되는 것이 바람직하다고 생각지 않았기 때문입니다.

"카이사르의 기세는 지금 하늘 높은 줄 모르고 솟구치고 있습니다. 그냥 놔두는 것은 호랑이 새끼를 키우는 것과 같아요. 당장 군대를 해산하고 로마로 돌아오라는 명령을 원로원에서 내려야 합니다."

"흠…, 그것도 일리는 있는 말이오."

폼페이우스의 주장을 받아들인 원로원에서는 카이사르에게 사람을 보냈습니다.

'즉시 귀국하라.'

갈리아 지방에서 정복 전쟁에 온 힘을 쏟고 있던 카이사르는 깜짝 놀랐습니다.

'즉시 귀국하라니…. 지금 펼쳐놓은 일은 다 어찌하고 귀국하라는 것인가?'

카이사르는 깊이 생각해본 끝에 이 일에 음모가 있

다는 것을 알아챘습니다.

'분명하다! 내 세력이 커지는 것을 두려워한 폼페이우스의 농간이야. 그럼 이를 어쩐다? 원로원의 명령을 어길 수도 없고, 내 인생을 포기할 수도 없고…'

카이사르는 큰 고민에 빠졌습니다. 이럴 수도 없고 저럴 수도 없어서 생각에 생각을 거듭하고만 있었습니다. 그러는 동안 군대를 이끌고 루비콘 강까지 오게 되었습니다. 이 강은 로마와 갈리아 사이의 경계를 흐르고 있었습니다.

'군대를 해산하지 않은 채 이 강을 건넌다면 나는 반역죄에 해당될 것이다.'

다시 그 곳에서 카이사르는 한참을 더 망설였습니다. 부하들도 뭔가 심상찮은 일이 벌어지고 있다는 것을 느꼈습니다.

"명령을 내려주십시오, 장군님! 어떤 명령을 내리신다고 해도 저희는 장군님을 따를 것입니다."

마침내 카이사르는 결심을 굳혔습니다. 잘못되면 목숨을 잃어야 하는 중대한 결정이었습니다. 그러나 더 이상 망설이고 있을 시간이 없었습니다. 피할 수 없는 결단의 시기가 아른 것입니다.

　그는 지휘봉을 높이 들어 올리며 군사들을 향해 소리쳤습니다.

　"주사위는 던져졌다. 루비콘 강을 건너라!"

　카이사르의 말에 군사들은 두 손을 하늘로 치켜들며 환호성을 질렀습니다.

　"와! 와!"

　루비콘 강을 건넌 카이사르의 군사들의 발걸음은 거침이 없었고, 사기는 하늘을 찌를 듯했습니다. 로마로 진격하자마자 카이사르는 폼페이우스를 몰아내고 정권을 잡게 되었습니다.

톡톡, 마음에 담기!

'주사위는 던져졌다.'는 말은 돌이킬 수 없는
중대한 결정이 내려졌다는 뜻입니다.
요즘에는 어떤 모험적인
일을 시작할 때 자주 사용됩니다.
한번 주사위를 던졌으면
다시 되돌릴 방법이 없기 때문이지요.
던진 주사위에서 어떤 숫자가 나올는지는
아무도 알 수가 없습니다.
결과가 나오기만을 기다려야 하지요.
다른 사람의 충고나 조언이, 결정을 바꿀 수 없는
단호한 입장을 가리킬 때 사용하는 말입니다.

09

꿈을 지녀라. 그러면 어려운 현실을 이길 수 있다

◦●
릴케(Rainer Maria Rilke, 1875~1926) : 독일의 시인

채제공은 조선시대 정조 때의 문신입니다.

영조 19년에 급제하여 많은 업적을 쌓아 임금의 큰 신임을 받은 그는 정조 17년에 영의정이라는 높은 벼슬자리에까지 올랐습니다.

그가 아직 공부하는 어린 소년이었을 때, 절에서 공부를 하고 있었습니다. 어찌나 집이 가난했던지 채제공이 먹을 식량마저도 변변히 대주지 못했습니다.

'오죽 어려우시면 그러실까. 고생만 하시는 가엾은 부모님…'

 오히려 채제공은 마음이 아팠습니다. 시간이 나는 대로 절의 일을 도우며 밥값을 하려고 애를 썼습니다. 그러나 함께 공부하던 부잣집 아이들은 그를 멸시하기 일쑤였습니다.
 "이번 달에도 식량을 안 보내왔다며? 또 우리 식량에 손을 대겠구나? 공부를 포기하고 나뭇짐이라도 해서 가족을 먹여 살리는 게 옳지 않을까? 공부를 해봤자 과거에 급제하기란 하늘의 별따기인데…."
 "입만 가지고 와서 순 공짜로 버티는 배짱을 도대

체 모르겠다니까!"

"그런 주제에 거만하기까지 하잖아!"

부잣집 아이들이 견딜 수 없을 만큼 심하게 무시해도 체재공은 조금도 기가 죽지 않았습니다.

'이 정도 멸시에 포기할 내가 아니다. 가난에 져서야 되겠는가. 무시를 당해도 이를 악물고 참자. 지금은 참고 공부에 전념할 때다. 내게는 미래가 있다. 이 정도도 못 참는 마음그릇이라면 뒷날 어떻게 큰일을 하겠는가.'

새해가 가까워지자 학생들은 설을 쇠러 자기 집으로 돌아갈 준비에 바빴습니다. 흥겨운 기분에 들뜬 학생들은 저녁에 모여 한 편씩 시를 지어 읊었는데 채재공만 묵묵히 앉아 있었습니다.

"여기서는 그래도 우리들 것을 얻어먹고 잘살았는데, 집에 돌아갈 생각을 하니 흥이 나지 않나 보지?"

"그럼 처량한 마음을 읊어 보라구."

학생들은 입을 모아 채제공에게 시를 지으라고 독촉했습니다. 독촉이 아니라 조롱이었습니다. 채제공은 친구들을 물끄러미 바라보더니, 붓을 들고 단숨에 한 편의 시를 휘갈기듯 써냈습니다.

　가을바람 스산한 고목에서는
　매가 알을 까고
　차가운 달빛 아래 눈 덮인 산에서는
　호랑이가 정기를 키운다.

　"에고, 이렇게 재미없는 시는 처음 본다."
　학생들은 마구 손가락질을 하며 채제공을 비웃었습니다. 그러자 채제공은 벌떡 일어나 먼저 산을 내려가고 말았습니다.
　"성격은 또 불같지! 흥!"
　그 학생들 속에는 당시 재상의 아들도 있었습니다. 그 아이가 아버지에게 채제공이 지었다는 시 이야기를 하니, 재상은 무릎을 치며 감탄하며 말했습니다.

"무서운 아이로구나! 그 기개가 하늘을 찌르니 어찌 너희들과 상대가 되겠느냐?"

아이는 아버지의 말을 쉽게 이해할 수가 없었습니다.

"아버지, 무슨 말씀이세요?"

"잘 들어보아라. '가을바람 스산한 고목'이란 것은 곧 영화를 잃게 될 권세가라는 뜻이고, 가을에 '매가 알을 깐다'는 것은 바로 너희들을 비웃는 말이다. 가을에 깐 매가 어떻게 살 수 있겠느냐? 쯧쯧, '차가운 달빛 아래 눈 덮인 산에서는 호랑이가 정기를 키운다'는 것은 모든 어려움과 고생을 딛고 이 악물고 공부에 전념하고 있는 자신을 나타낸 것이다. 대단한 각오로다!"

재상의 말이 맞았습니다.

얼마 안 가서 채제공은 귀한 집 자제들을 다 물리치고 과거에 합격해 벼슬에 올랐습니다. 그리고 가난

과 멸시 속에서도 잃지 않았던 꿈들을 하나하나 펼쳐
나가, 나라를 위한 업적을 쌓았습니다.

톡톡, 마음에 담기!

좋은 환경에서 자란 아이들은 유리한 조건 속에서
경쟁을 하게 됩니다. 그러나 어려움이 없으면 아이들의
마음이 나태해지기 쉽습니다. 힘든 환경 속에서
공부하는 아이들은 남다른 굳센 의지가 있습니다.
그런 의지가 중요한 것입니다. 우리 속담에 '부자 3대 못
간다'는 말이 있습니다. 먹을 것이 풍부한 사람은
그만큼 절실하게 공부하고 일해야 할 의욕을
느끼지 못합니다. 그것이 행복할 것 같아도 자기성취에
대한 동기부여가 없기 때문에 결국은 자기 발전을
이루지 못하고 맙니다.
어떤 환경에서도 목표를 이루기 위해 성실하게
노력하는 태도가 필요할 것입니다.

10

새에겐 둥지가 있고, 거미에겐 거미줄이 있듯, 사람에겐 우정이 있다

○ ●
블레이크(William Blake 1757~1827) : 영국의 시인 · 화가

사나운 폭군에게 바른말을 하던 한 청년이 왕의 미움을 사게 되었습니다.

"감히 나에게 대들다니! 여봐라! 저놈을 당장 감옥에 가두어라!"

청년은 그 자리에서 감옥에 갇혔고 금세 사형 날짜가 정해졌습니다. 그의 집은 왕궁과 멀리 떨어져 있었는데, 그는 죽기 전에 부모님과 친구를 꼭 만나고 싶었습니다. 그래서 폭군에게 부탁을 했습니다.

"며칠만 시간을 좀 주십시오. 집에 돌아가서 사랑

하는 가족과 친구들에게 작별 인사를 하고 싶습니다. 반드시 돌아와서 명령에 따르겠습니다."

그러나 약속이나 신의 같은 것을 믿지 않는 폭군은 그를 비웃으며 말했습니다.

"이런 미친놈! 내가 어찌 너를 믿겠느냐? 나를 속여서 도망칠 생각 아니냐? 이 세상에 네 말을 믿을 수 있는 인간이 있다면 여기 데려와 보아라."

그때 멀찍이에서 이 상황을 지켜보고 있던 그 청년의 친구가 뛰어와서 폭군에게 말했습니다.

"임금님! 저는 저 청년의 친구입니다."

폭군의 눈꼬리가 위로 올라갔습니다. 이 일에 뛰어드는 것이 괘씸하다는 듯했습니다.

"그래서? 뭐가 어떻다는 말이냐?"

"네, 제가 친구 대신 감옥에 들어가 있겠다는 말입니다."

친구의 말을 듣고 있던 청년이 깜짝 놀라 고개를 흔들며 말했습니다.

"쉿! 여보게, 그러면 안 되네. 물러서 있게."

그러나 친구는 조금도 굽히지 않고 폭군에게 사정을 하는 것이었습니다.

"부디 제 친구가 고향에 가서 주변의 일들을 정리하고 작별 인사를 하도록 허락해 주십시오. 그는 약속을 지키는 사람이니까 분명히 돌아올 것입니다. 그러나 혹시 그가 임금님과 약속한 날짜에 돌아오지 않는다면 제가 대신 죽겠습니다."

"뭐, 뭐라고… 대신 죽겠다고?"

"네, 임금님. 제가 죽겠습니다."

폭군의 얼굴에 놀라워하는 표정이 떠올랐습니다.

'세상에! 아무리 친한 친구라고 해도 그렇지, 어찌 대신 죽을 수 있단 말인가?'

마침내 폭군은 청년에게 고향에 다녀올 수 있도록 며칠 시간을 주었습니다. 그리고 대신 그의 친구를 감옥에 가두도록 명령했습니다.

시간이 흘러서 폭군과 약속한 날짜가 지났습니다. 그런데 청년은 돌아오지 않았습니다. 폭군은 감옥에 찾아와 비웃으며 말했습니다.

"내일 너는 친구 대신 사형에 처해질 것이다. 아직까지도 그놈을 믿고 있느냐?"

친구는 담담한 표정으로 말했습니다.

"저는 여전히 친구의 신의와 명예를 믿고 있습니다. 언제나 믿음을 버리지 않을 것입니다. 만약 제 친구가 제 시간에 돌아오지 못한다 해도 그의 잘못이 아닙니다. 아마도 천재지변이라든지… 피치 못할 어떤 사정이 있었을 테니까요."

마침내 사형당할 시간이 되었습니다.

친구의 죽음을 지켜보기 위해 폭군도 감옥으로 향했습니다.

"친구를 위해 죽을 각오에는 변함이 없느냐?"

"그렇습니다. 제가 사랑하는 친구를 위해 목숨을 버리는 것은 슬프지 않습니다."

이윽고 간수가 와서 그를 사형장으로 데리고 가려고 했습니다.

바로 그 순간, 가쁜 숨을 몰아쉬며 거의 쓰러질 듯이 달려온 청년이 문 앞에 서 있었습니다.

"헉헉…, 임금님, 심한 폭풍우 때문에 조난을 당해 늦었습니다. 제 친구를 풀어주시고 제 목숨을 가져가십시오."

"…어찌 이런 일이!"

폭군은 그만 할 말을 잃어버리고 말았습니다. 아무리 폭군이라 해도 두 사람의 우정을 묵살할 만큼 악인은 아니었습니다.

"좋다. 너희를 살려주겠다. 이 정도로 서로 아끼며 믿고 있는데 죽게 해서야 되겠느냐?"

폭군은 두 사람의 우정을 칭찬하며 그 길로 고향으로 돌려보내 주었습니다.

톡톡, 마음에 담기!

친구를 위해 죽을 수 있는 사람이 과연 얼마나 있을까요? 그만큼 참다운 우정을 나누고 있다면 정말 행복할 것입니다. 인간은 사회적 동물이기 때문에 혼자서 살아 나가지는 못합니다. 서로 돕고 살 수밖에 없도록 사회의 구조가 이루어져 있습니다. 참다운 친구는 언제나 믿을 수 있고, 내가 혹시 잘못된 길로 갈 때면 즉시 바른말로 돌이키게 해 줍니다. 왜냐하면 친구가 나쁜 길로 가는 것을 차마 볼 수 없기 때문이지요. 우정은 돈이나 그 어떤 재물로도 살 수 없는 소중한 재산입니다. 주변을 한번 돌아보세요. 내게도 그런 소중한 친구가 있나요? 몇 명이나 되는지요? 오래오래 그런 우정을 간직하기 위해서 노력하는 우리가 되어야겠지요?

11

용기가 없는 사람에게는 어떤 좋은 일도 생기지 않는다

마르쿠스 아우렐리우스(Marcus Aurelius, 121~180) : 로마 황제(161~180)

브랜든 대학교의 여자 농구부에 트레이시라는 선수가 있었습니다. 키가 182센티미터나 되는 좋은 체격을 갖추고 있어서 기대를 한 몸에 받고 있었습니다. 농구에서 키가 크다는 것은 아주 유리한 조건이었으니까요.

"트레이시, 조금만 더 노력한다면 대단한 선수가 될 거야."

"네, 감독님."

지난 1993년 1월, 다른 대학과의 경기가 있던 그

날도 트레이시는 뛰고 달리며 마음껏 자신의 실력을 발휘했습니다. 그런데 경기가 끝나갈 무렵, 공이 트레이시에게 왔습니다.

'좋아, 점프슛을 해야겠다.'

트레이시는 경기장을 박차고 높이 뛰어오르며 슛을 날렸습니다. 그리고 바닥에 오른발을 내딛는 순간,

"악!"

갑자기 그녀는 경기장이 울릴 정도의 큰 비명을 질렀습니다.

"트레이시!"

뛰어올랐던 충격으로 무릎뼈가 으스러진 것이었습니다.

"큰 부상이에요! 빨리 병원으로 이송해야 됩니다!"

병원으로 옮겨진 트레이시는 몇 시간이나 걸리는 대수술을 받았습니다.

"선생님, 제 무릎은 어떤가요? 곧 회복될 수 있지

요?"

"아, 그럼요. 잘 회복될 테니 너무 걱정 마세요. 마음을 편안하게 가져야 회복에 도움이 됩니다."

말은 이렇게 하면서도 의사들의 표정은 밝지 않았습니다.

'내 상태가 심상치 않은가 보다. 아, 다시 코트에 설 수 없으면 어쩌지?'

트레이시의 막연한 불안감은 맞아떨어졌습니다.

그 후 3개월 동안 트레이시는 무려 아홉 번의 수술을 받았습니다. 의사들은 트레이시의 오른쪽 다리를 살리기 위하여 뼈를 이식하면서까지 갖은 노력을 다했지만 성공할 수 없었습니다. 이식된 뼈와 살이 제 기능을 해내지 못했기 때문이었습니다.

"…음, 다리를 잘라야 합니다."

"네?"

트레이시의 눈에서 쉴 새 없이 눈물이 흘러내렸습니다. 이제 운동선수의 생명은 끝난 것이나 다름이 없었습니다. 외다리로 어떻게 농구코트에서 뛸 수 있겠습니까?

다리 절단 수술이 예정된 하루 전날, 농구팀 감독이 트레이시를 찾아왔습니다. 트레이시는 사람들에게 걱정을 끼치지 않으려고 애써 밝은 표정을 짓고 있었습니다.

"힘내라, 트레이시. 네 등번호인 10번은 네가 돌아올 때까지 남겨두겠다."

감독의 격려의 말에 트레이시가 힘차게 대답했습니다.

"고맙습니다, 감독님. 꼭 회복해서 팀에 복귀하겠습니다."

"……."

그 자리에 있는 사람들 중에 감독의 말을 믿는 사람은 아무도 없었습니다. 트레이시의 부모 역시 가엾은 트레이시를 위로하기 위한 말쯤으로 여겼습니다.

3개월 후, 브랜든 대학교 농구부의 첫 연습이 있는

날, 가장 먼저 경기장에 나타난 사람은 연습가방을 멘 트레이시였습니다. 그녀는 오른쪽 무릎 아래에 의족을 끼고 있었습니다.

이윽고 선수들이 다 모이자 감독이 선수들의 연습팀을 나누어 주었습니다.

"트레이시! 1번 조!"

감독은 전력질주만 뺀 나머지 모든 연습에 트레이시를 참가시켰습니다. 다리를 절단한 뒤 4개월 만에 트레이시는 첫 경기에 참가했습니다. 그녀의 등 번호는 예전과 같은 10번이었습니다.

"12점에 6개의 리바운드, 트레이시! 정말 훌륭하구나!"

사람들은 트레이시에게 아낌없는 박수를 보내주었습니다. 이 성적은 트레이시가 다리를 절단하기 전에 냈던 것보다 훨씬 좋은 성적이었습니다.

톡톡, 마음에 담기!

인생을 살다 보면 때때로 예상하지도 못했던 엄청난
불행 앞에 서게 되기도 합니다.
생각조차 해보지 않았던 큰 불행 앞에서 사람들은
모든 삶의 의욕이 꺾여 버립니다.
자신의 처지에 실망하는 대신 꿋꿋한 의지로
어려움을 이겨 나간다면 보석과 같은 아름다운
열매가 맺힐 것입니다.

12

책 속에 길이 있다

○●
디즈레일리(Benjamin Disraeli, 1804~1881) : 영국 정치가·소설가

"에헴, 오늘은 어디에 가서 놀까?"

마을 안에서 소문난 개구쟁이였던 정약용은 잠시도 집안에 머무르지 못했습니다. 친구들과 함께 이리 뛰고 저리 달리며 온 동네 안을 몰려다녔습니다.

"아유, 옷이 또 흙투성이가 되었네. 커서 뭐가 되려고 이렇게 바쁠까."

"뭐가 되긴요? 나라의 훌륭한 일꾼이 되어야지요."

"훌륭한 일꾼이 되려면 책을 많이 읽어야지."

"헤헤, 나중에요, 어머니."

자나깨나 아들을 위하던 어머니는 약용의 나이 아홉 살 때 그만 세상을 떠나고 말았습니다. 어머니를 잃은 약용의 슬픔은 너무나 컸습니다. 더 이상 뛰어놀지도 않았고 얼굴에서 웃음도 사라졌습니다.

'쯧쯧, 풀죽은 모습이 너무 안쓰럽구나. 내가 더 많은 시간을 함께 보내줘야겠다.'

아버지는 직접 아들을 가르치기 시작했습니다.

"학문의 길은 멀고도 깊단다. 약용아, 열심히 공부해 보겠느냐?"

"네, 해보겠습니다."

어머니를 여읜 약용은 예전의 어린이가 아니었습니다. 큰 슬픔을 이겨내서인지 행동이 의젓하고 어른스러워졌습니다. 무엇보다도 더 이상 친구들과 몰려다니며 놀기보다는 방 안에서 조용히 책을 읽는 시간이 더 많았습니다. 한 권 한 권 책을 읽어 나가는 동안, 약용은 책과 함께 하는 시간이 점점 더 재미있어졌습니다.

 얼마 안 가서 집에 있는 책을 다 읽은 약용은 책을 빌리기 위해 나귀를 몰고 외갓집으로 갔습니다. 외갓집에는 책이 더 많았기 때문입니다.

 약용이가 나귀 등에 책을 잔뜩 싣고 집으로 돌아오는데, 지나가던 한 선비가 말을 건넸습니다.

 "애야, 심부름을 다녀오는 길이냐? 이 많은 책을 읽는 분이 대체 누구냐?"

 "네? 제가 읽을 건데요."

 "이놈! 어른을 놀리다니!"

 선비가 다짜고짜 약용에게 호통을 쳤습니다.

"정말인데요. 다 제가 읽을 건데요."

눈을 동그랗게 뜨고 똑바로 선비는 쳐다보는 약용을 보며 선비는 몇 번이고 고개를 갸우뚱거리며 지나갔습니다.

열흘쯤 후, 그 선비는 길에서 또 약용을 또 만났습니다. 지난번과 마찬가지로 약용은 또 나귀의 등에 책을 잔뜩 싣고 가는 중이었습니다. 다만 가고 있는 길의 방향만 달랐습니다.

"허허, 책을 싣고 왔다갔다하는 게 네 취미냐?"

"아니에요. 다 읽고 돌려주러 가는 길인데요."

약용도 방긋 웃으며 대답했습니다.

"내가 그 말을 믿을 것 같으냐?"

"그럼 한번 시험해 보시겠어요?"

"좋아!"

선비는 책을 한 권 쑥 뽑아들었습니다. 그리고 아무 곳이나 펼친 다음, 거기 씌어진 내용을 약용에게 물어보았습니다. 약용은 술술 막힘없이 대답했습니다.

"아니… 이럴 수가!"

"진짜로 제가 다 읽었다니까요."

"호, 천재 중의 천재로구나! 네 이름이나 좀 알자꾸나."

선비는 벌어진 입을 다물지 못한 채 오래도록 약용의 머리를 쓰다듬어 주었습니다.

시간이 흘러 과거에 합격한 정약용은 암행어사로 전국을 돌아다녔습니다. 그런데 다녀보니 나쁜 관리가 참 많았습니다.

'아, 먼저 관리들에게 바른길을 가르쳐야겠구나. 그래야 좋은 관리들이 나오지 않겠는가!'

그래서 올바른 관리의 마음가짐을 알려 주는 책을 써야겠다고 결심했습니다. 그 때 지은 책 중의 하나가 '목민심서' 입니다. '목민' 이란 백성을 가르치고 다스린다는 뜻입니다.

톡톡, 마음에 담기!

75세로 세상을 떠난 정약용은 정치·경제는
물론, 농업·공학·지리·의학·법률 등에도 뛰어난
위대한 학자이자 선각자였습니다.
그는 청렴한 관리로서의 도덕성을 아주 중요하게
생각하고 실천하였습니다.
'이임할 때의 보따리가 부임할 때의 보따리보다
커서는 안 된다.'
이 가르침만 봐도 관리로서의 그의 됨됨이를
잘 알 수 있습니다.
무릇 나라의 일꾼이 되기를 원하는 사람이라면
이 말을 마음에 새겨야 할 것입니다.

13
믿는 일, 해야 할 일, 하고자 하는 일은 용감하게 하라

카네기(Andrew Carnegie 1835~1919) : 미국의 기업가·자선사업가

영국의 수상 윈스턴 처칠이 어렸을 때 하루는 스코틀랜드의 시골에 갔습니다. 강변의 물이 너무나 맑았습니다. 강변에는 물놀이를 하러 나온 여러 가족이 이미 즐거운 시간을 보내고 있었습니다. 그 모습을 보자 처칠도 참기가 어려웠습니다.

"시원하게 물놀이 좀 하다 가야지."

그런데 너무 신나게 노느라고 처칠은 그만 강의 깊은 곳까지 가게 되었습니다. 갑자기 강바닥이 깊어지는 바람에 처칠은 몸의 중심을 잡지 못하고 비틀거렸습니다.

"어, 어!"

크게 놀란 처칠이 중심을 잡으려고 발을 버둥거렸지만 발이 강바닥에 닿지 않는 것이었습니다. 안간힘을 썼지만 마치 강 밑에서 누가 잡아당기기라도 하는 것처럼 몸이 자꾸 아래로 가라앉았습니다.

"푸푸! 사람 살려!"

힘껏 소리를 질렀지만 처칠의 목소리는 첨벙거리는 물소리에 묻혀 사람들의 귀까지 가 닿지 못하였습니다.

'아, 이러다 죽는 건 아닐까?'

두려움이 어린 처칠의 마음속에 가득 차 올랐습니다. 마지막으로 젖 먹던 힘까지 짜내어 처칠은 고함을 내질렀습니다.

"도와주세요-!"

그때 다 죽게 된 처칠의 고함소리를 한 소년이 듣게 되었습니다. 소리가 나는 쪽을 찾아보니 까마득하게 멀었습니다.

"아니! 어떡하지?"

소년이 구하러 가기에는 너무 깊은 곳이었지만 그는 망설이지 않았습니다. 시간이 급하다는 생각 때문에 즉시 가서 도와야 한다는 생각만 머릿속에 가득했습니다.

"조금만 참아!"

정말 목숨을 건 구조였습니다. 간신히 처칠을 안전한 곳까지 데려온 다음, 지칠 대로 지친 소년도 그만 쓰러지고 말았습니다. 처칠을 구해준 가난한 시골 소년의 이름은 플레밍이었습니다.

"목숨을 구해 주어 고맙구나. 이 보답을 어떻게 해야 할지…"

"아닙니다. 당연한 일을 했는걸요."

처칠 가족의 말에 플레밍은 조금도 우쭐대지 않고 말했습니다.

"그러지 말고 말해 보렴. 우리가 도와줄 수 있는

일이 없는지…."

"공부를 하고 싶은데요, 저희 가정 형편이 어려워서…."

"오, 그래? 어떤 공부를 하고 싶지?"

"네, 저는 의학공부를 하고 싶습니다."

"잘 되었다. 그럼 우리 가정에서 의학 공부를 할 수 있도록 지원해 주마."

처칠 가족의 도움으로 플레밍은 공부를 계속할 수 있었습니다. 그리고 크게 성공하여 페니실린을 발명해 노벨상까지 받았습니다.

어느 해, 윈스턴 처칠은 폐결핵에 걸려 생명이 위독할 지경에 이르렀습니다. 그때 바로 플레밍이 만든 페니실린으로 치료해 나을 수 있었고, 건강해진 몸으로 연합군을 지휘해 제2차세계대전을 승리로 이끌 수 있었습니다.

톡톡, 마음에 담기!

플레밍이 처칠을 도왔고, 처칠이 플레밍을 도왔고,
또 플레밍이 다시 처칠을 도왔으며,
결국 이는 인류를 돕게 되었다는 것입니다.
윈스턴 처칠이 폐결핵에 걸렸을 때
플레밍이 만든 페니실린이 없었으면 어떻게
되었을까요? 처칠은 그 병을 고침받지 못해
죽었을 것이고, 제2차세계대전에서 연합군이
승리할 수 없었을지도 모릅니다.

14
겸손이 없다면 인생의 가장 기본적인 교훈도 배울 수가 없다

○●
존 톰슨(John Thomson, 1856~1940) : 영국의 물리학자

 옛날에는 과거시험에 장원 급제를 하면 머리에 어사화를 꽂고 말에 올라 서울 시내를 두루 보이며 돌아다녔습니다.

 화려한 장원 급제 행렬이 지나갈 때면 일하던 사람들은 모두 일손을 놓고 길에 나와 부러워하며 구경을 했습니다.

 그런데 유독 한 나무꾼이 장원의 행렬에도 전혀 길을 비키지 않고 당당하게 앞으로 걸어 나오는 게 아닙니까!

"썩 비키지 못해! 감히 어느 앞이라고! 새 장원이 오시는 것도 못 봤단 말이냐?"

병사가 나무꾼에게 호통을 치며 내쫓으려고 했습니다. 그러자 나무꾼이 대수롭잖다는 듯 콧방귀를 뀌며 말했습니다.

"새 장원이 뭐 그리 대단하다고 이 야단이십니까? 나 역시 우리 부모님이 가난하지만 않았던들 공부해서 너끈히 장원이 되었겠소. 나도 저 장원 정도는 되는 사람이란 말이오!"

나무꾼이 어깨를 떡 펴고 대답하자 말 위에 앉아 있던 장원은 호기심이 생겼습니다.
"대단히 자신만만한 사람이로군. 당신은 어떤 재주가 있소? 어디 한 번 보여주오."
"네, 그러지요. 저는 나무꾼이니까 다른 재주는 없지만 나무를 쪼개는 재주는 있습니다. 어떤 요구든 해 보십시오. 요구대로 정확히 나무를 쪼갤 수 있으니까요."
  장원은 굵은 나무토막 하나를 가져오게 해서, 나무

토막 가운데에다 검은 줄을 하나 긋고 그 줄대로 쪼개어 보라고 했습니다.

나무꾼은 잠깐 나무토막을 쳐다본 후, 천천히 도끼를 높이 들어 "에잇!" 하고 내리치자, 나무토막이 줄을 따라 쫙 양쪽으로 갈라졌습니다.

"와! 대단하오."

모여서 구경하던 사람들이 감탄하면서 박수를 보냈습니다. 그런데 한쪽에서 구경하던 사람들 가운데 한 기름 장수가 시답잖다는 목소리로 끼어들었습니다.

"뭐, 별로 대단치도 않은 재주로구먼."

장원이 기름 장수에게 고개를 돌리며 말했습니다.

"그래요? 그럼 당신의 재주를 보여주시오."

기름 장수는 그 말에 의기양양해하며 자기의 기름통을 가리켰습니다.

"저는 기름 장수지요. 팔 때에 저울을 쓰지 않고도 정확히 따라 줄 수 있답니다."

"그래요? 그럼 한 말만 따라보시오."

기름 장수는 주머니 속에서 가운데 구멍이 뚫린 엽전 하나를 꺼내더니, 병 주둥이 위에 올려놓고 커다란 기름통을 기울여 엽전 구멍으로 기름을 흘려 부었습니다. 잠시 후, 따라 놓은 기름을 보니 정확히 한 말이었습니다.

"와, 정말 대단하다!"

구경꾼들은 손뼉을 치며 기름 장수의 재주를 칭찬했습니다. 그러자 바로 옆에서 구경하던 아낙네 한 사람이 입이 뾰로통해져 말했습니다.

"그게 뭐 그리 대단한 일인가요? 평생 동안 기름만 팔았으니 익숙해져 그렇죠, 뭐."

얌전해 보이는 시골 농부의 아낙네가 큰소리를 치는 것을 보자 장원은 더욱 놀랐습니다.

"그럼 아낙도 무슨 재주가 있습니까?"

"살림하는 사람이라 글도 못 쓰고 힘도 없지만 집안일이라면 누구한테나 빠지지 않지요!"

"그럼 어떤 재주를 보여주시려오?"

아낙네는 장원의 말에 한 바가지의 쌀과 한 바가지의 좁쌀, 그리고 체를 갖다 달라고 주문했습니다. 주문대로 가져오자 아낙네는 체에다 쌀과 좁쌀을 한데 부어 두 손으로 체를 잡고 치기 시작했습니다. 몇 번인가 치니, 쌀과 좁쌀이 둘로 나누어졌습니다.

"하, 이럴 수가!"

장원의 입에서는 감탄하는 말이 터져 나왔습니다.

"여러분들, 부끄럽습니다. 어디에나 다 장원이 있군요. 모두들 묵묵히 겸손하게 일하시는데 나만 시끄럽게 북을 두들기며 수선을 떨고 있으니 얼굴을 들지 못하겠습니다."

장원은 말을 마친 후, 조용히 말에서 내려 집으로 돌아갔습니다. 그 날 이후로 장원은 겸손한 마음으로 백성을 대하며 좋은 일을 많이 베풀었습니다.

톡톡, 마음에 담기!

각자 주어진 자기의 자리를 지키며,
주어진 임무를 성실히 해내는 사람들이야말로
드러나지 않은 진정한 영웅들입니다.
아름다운 사회는 이러한 진정한 영웅들이 많아야
합니다.
학교에서 충실히 공부하는 학생들,
직장에서 자기의 임무에 충실한 사람들,
많지 않은 월급으로 알뜰하게 가정을 꾸려 나가는
주부들이 그들입니다.
온 세상 사람들에게 얼굴이 알려지는 유명인이 되지
않는다고 해서 섭섭하게 생각할 것은 없습니다.
지구의 한 모퉁이에서 정직하고 성실하게 한 몫을
하고 있다는 자부심을 갖고 살아 나가야겠습니다.

15

말이 쉬운 것은 결국은 그 말에 대한 책임을 생각하지 않기 때문이다

맹자(孟子, ?~?) : 중국 전국시대의 유생인 맹가

"글쎄… 세상에, 그 어른이 그렇게 구두쇠래요. 아주 자린고비보다 더하대요. 호호"

수다가 심한 한 농부의 아내가 있었습니다. 사람을 가리지 않고 이야깃거리를 삼아 수다를 떨었습니다.

한 번은 그 마을에서 존경받는 어른에 대해 헐뜯는 말을 퍼뜨렸습니다.

"어머, 그 어른이? 정말 그렇게 생각 안했는데…"

험담은 입에서 입으로 빠르게 퍼져 나갔습니다. 얼마 안 가서 온 마을에 그 소문이 파다하게 퍼져서 모르는 사람이 없을 정도였습니다. 그리고 당연히 그 어른의 귀에도 들어갔습니다.

얼마 후에, 그 여인은 자신이 잘못했음을 깨닫게 되었습니다.

'아이참, 내가 왜 그랬지? 정말 입이 방정이야. 어쩌면 좋을까?'

여인은 몹시 고민이 되었습니다. 이제 사람들도 그 험담이 여인의 수다에서 나왔다는 것을 알게 되어 바라보는 눈길도 곱지 않았습니다.

'할 수 없어. 내 발로 찾아가서 용서를 빌어야지. 잘못했다고 하면 용서해 주실 거야.'

여인은 용기를 내어 그 어른을 찾아갔습니다.

"잘못했습니다. 별 생각 없이 입에서 나오는 대로 말하다 보니 그만 그렇게 되었습니다. 부디 용서해 주십시오."

그 어른은 담담한 표정으로 화도 내지 않으며 말했습니다.

"부인이 내가 말한 대로 따라 준다면, 기꺼이 용서해 주겠소."

여인의 눈에 반짝 생기가 돌았습니다.

"네, 말씀만 하세요. 죽으라면 죽는 시늉까지라도 내겠습니다."

"집에 가서 닭 한 마리를 잡아 그 깃털을 뽑아 바구니에 담아 오십시오."

"네, 금세 다녀오겠습니다."

여인은 종종걸음을 쳐서 집으로 돌아갔습니다. 그리고 어른이 시킨 대로 닭을 잡아 깃털을 뽑아 바구니에 담았습니다. 30분 후에 여인이 돌아오자 어른이 말했습니다.

"이제 마을로 가면서 길에다 이 깃털을 다 뿌리고 오십시오."

"네, 쉬운 일이에요. 다녀오겠습니다."

여인은 시키는 대로 한 다음 다시 어른 앞에 왔습니다.

"어르신, 말씀하신 대로 다 했습니다."
"이번에는 마을로 다시 가서 그 깃털을 다 모아 오십시오. 하나도 잃어버린 게 있어서는 안 됩니다."
이 말을 들은 여인은 놀라서 그를 쳐다보며 말했습니다.
"네? 그건 불가능한데요!"
"왜 불가능합니까?"
"이미 바람에 다 날려가 버렸을 테니까요! 깃털이 얼마나 가벼운데 그 자리에 그대로 있겠어요?"
그때 어른이 빙그레 웃으면서 타이르듯이 말했습니다.
"바로 그것입니다. 한번 입 밖으로 쏟아낸 말들은 그 어떤 일로도 다시 주워 담을 수가 없는 것입니다. 제가 당신을 용서는 하겠지만, 당신이 말한 그 거짓된 말들이 일으킨 피해는 결코 보상을 받을 수 없습니다. 이 사실을 명심하고 부디 말조심을 하십시오."

"…네, 정말 죄송합니다."

너무 미안하여 여인의 눈에 눈물이 얼핏 괴었습니다. 그리고 다시는 꿈에서라도 남의 말을 가볍게 하지 않겠다고 거듭 다짐하는 것이었습니다.

톡톡, 마음에 담기!

말은 위력은 엄청납니다. 말로써 사람을 살리기도 하고 죽이기도 합니다. 진실한 말은 용기를 북돋아주며 병까지도 낫게 합니다. 즉 진심이 담긴 따뜻한 말 한마디가 다른 사람의 생활에 희망과 새 에너지를 불어넣기도 하는 것입니다. 생기를 느끼게 하고 힘을 북돋아 주는 말은 바른 말이며 생명력과 창조력을 갖습니다. 사람을 죽이는 말은 남에게 해를 끼칩니다. 실망과 좌절에 빠지게 하거나 악한 일에 뛰어들게도 합니다. 그러므로 우리는 말의 힘을 알아서 좋은 말, 아름다운 말만 하도록 해야겠습니다.

16
이 세상에서 서로 화평하게 지낼 수 있는 한 가지 방법은 용서이다

○ ●
톨스토이(Aleksey K. Tolstoy, 1817~1875) : 러시아 시인 · 소설가

진나라의 진손은 아주 어렸을 때 어머니를 여의었습니다. 진손의 아버지는 어머니 없이 자라는 아들이 가엾어 새 부인을 맞아들였습니다.

"부인, 무엇보다도 우리 가여운 아들에게 좋은 엄마가 되어 주오."

"네, 아무 염려 마세요. 잘 보살필게요."

그러나 손의 새어머니는 전혀 의붓아들을 보살피지 않았습니다. 아버지 앞에서는 잘 대해주기 때문에 아버지는 아무것도 몰랐습니다.

 세월이 흘러서 새어머니에게서도 두 아들이 태어났습니다.
 "아유, 이뻐라. 눈에 넣어도 안 아픈 내 이쁜 새끼들!"
 새어머니는 친자식들에게는 따뜻한 쌀밥을 먹이고 손에게는 겨로 뭉친 주먹밥을 주었습니다. 겨울이 되면 두 아들에게는 두꺼운 솜옷을 해 입히고, 손에게는 거친 갈꽃을 넣어 옷을 만들어 입혔습니다.
 아버지는 집을 떠나 있는 날이 많았기 때문에 손의

힘든 사정을 알 수 없었습니다. 그리고 손은 어머니의 험담을 결코 아버지에게 하지 않았습니다.

"부인, 우리 손에게도 친자식처럼 잘 대해 주길 바라오."

아버지가 때때로 부탁을 하면 새어머니는 억울해 못 견디겠다는 듯 펄펄 뛰었습니다.

"세상에! 무슨 말씀을 그렇게 하세요? 정말 섭섭하네요. 나는 굶더라도 손에게는 뜨거운 밥을 지어 먹인다는 걸 모르시는군요. 직접 불러 확인해 드릴까요?"

새어머니는 큰 소리로 손을 불러 다그쳤습니다.

"얘야, 어미가 억울해서 못살겠다. 내가 널 구박한 적이 있느냐?"

그럴 때마다 손은 얼굴 가득 함박웃음을 지으며 공손하게 대답하는 것이었습니다.

"아버지, 어머니께서 잘 돌봐 주셔서 저는 아무 부족함이 없습니다."

"허허, 그래?"

손의 말을 듣자 아버지도 마음을 놓았습니다.

그러던 어느 추운 겨울날이었습니다. 갑자기 집안에 일이 생겨 아버지와 손이 한 마차를 타고 여행을 하게 되었습니다. 손이 앞에 앉아 마차를 몰았는데 살을 에는 듯한 바람이 불자, 몸을 떠느라고 그만 말고삐를 놓쳐 버렸습니다.

"손아! 정신을 어디 두고 있느냐! 말고삐를 놓치다니? 사고가 날 뻔하지 않았느냐?"

화난 아버지가 무섭게 꾸짖었습니다.

"죄송합니다, 아버지."

손은 다시 말고삐를 잡고 말을 몰았습니다. 정신을 바짝 차리려고 애썼지만 칼날 같은 바람 때문에 또다시 말고삐를 놓치고 말았습니다.

"손아, 잠깐 말을 세워라! 어디 아픈 게냐? 이상하구나."

마차를 세운 후 아버지는 아들이 부들부들 떨고 있

다는 것을 알아차렸습니다. 아들의 몸을 만져보니 마치 얼음장같이 차가웠습니다. 아들의 옷은 솜옷은커녕 바람이 숭숭 들어가는 갈대 옷이었습니다. 아버지는 곧 모든 것을 알아차렸습니다.

"손아…! 용서해 다오. 다 못난 아비 탓이다."

아버지는 두 팔로 아들을 꽉 끌어안아 주었습니다.

"아니에요, 아버지."

그 길로 집에 돌아온 아버지는 부인에게 말했습니다.

"당신과 헤어져야겠소. 인간의 도리도 모르는 사람과 더 이상 같이 살 수 없소."

"네? 제가 뭘 잘못했나요?"

"그건 부인이 더 잘 알 것이오."

그러자 손이 울면서 아버지에게 애원하였습니다.

"안 돼요, 아버지. 지금은 저 하나만 참으면 되지만, 어머니가 안 계시면 두 동생들까지 힘들게 됩니다. 제발 새어머니를 용서해 주세요."

"손아!"

아버지는 속 깊은 아들의 말에 감격하였습니다. 그래서 아내를 내쫓으려던 마음을 돌렸습니다.

"손아, 이 못난 어미를 용서해 주렴."

손의 마음에 감동한 새어머니도 그 후로는 좋은 어머니가 되었습니다.

톡톡, 마음에 담기!

'용서'는 너그럽게 '보아줌'이라는 뜻입니다.
자기를 미워하고 해롭게 한 사람을 용서하는 마음은
참으로 어질고 넓은 마음입니다.
용서는 사회를 아름답게 만듭니다.
우리가 살면서 저지르는 사소한 잘못이나 실수를
서로 용서하지 않는다면 세상에는 미움과 분노가
가득할 것입니다. 용서의 지우개를 가진 지혜로운
사람들이 살아가는 사회는 참 따뜻하겠지요?

17

두려움의 홍수를 버티기 위해 끊임없이 용기의 둑을 쌓아야 한다

○ ●
마틴 루터 킹(Martin Luther King, Jr. 1929~1968) : 미국의 흑인목사 · 민권운동가

어느 랍비가 로마를 방문했을 때의 일입니다. 거리의 길목마다 이런 포고문이 붙어 있는 게 눈에 띄었습니다.

'왕비께서 엄청난 보물을 분실하셨다. 1개월 이내에 분실물을 발견하여 신고하는 사람에게는 큰 상을 줄 것이다. 그러나 만일 1개월 후에 그 물건을 가진 사람이 발견되었을 때에는 즉시 사형에 처하겠다.'

 그런데 우연하게도 이 랍비가 왕비의 보물을 발견하게 되었습니다.
 '흠, 이것이 왕비가 잃어버렸다는 그 보물이구나.'
 모두가 찾는 왕비의 보물을 발견하고서도 랍비는 그 길로 궁궐로 가져가지 않는 것이었습니다. 궁궐로 가져가기만 하면 큰 상이 기다리고 있을 텐데요….
 30일이 지나고 31일째 되는 날이었습니다.
 랍비는 그 보물을 가지고 왕궁으로 가서 왕비 앞에 내놓았습니다.

"왕비마마, 잃어버리신 보물을 제가 찾았습니다."
그러자 왕비가 엄한 표정으로 물었습니다.
"랍비님은 1개월 전 포고령이 내렸을 때 이곳에 있었습니까?"
"네, 그렇습니다. 포고령을 알고 있었습니다."
랍비는 공손한 태도로 말했습니다.
"그럼 그 사실도 알겠군요. 1개월이 지난 뒤에 이 보물을 가져오면 어떻게 된다는 것을 말이에요."
"네, 물론 잘 알고 있습니다, 왕비마마."
왕비는 이해할 수 없다는 표정으로 말을 이어 나갔습니다.
"그럼 이상한 일 아닌가요? 오늘이 31일째입니다."
"네, 맞습니다. 왕비마마."
"랍비님은 왜 굳이 1개월이 지나도록 이것을 갖고 있었나요? 하루만 더 일찍 내게 가져왔더라면 큰 상을 받을 수 있었는데요. 랍비님은 목숨이 아깝지도 않으십니까?"

그러자 랍비는 차분한 목소리로 왕비에게 말했습니다.

"왕비마마, 만일 제가 30일 전에 이 보물을 돌려드렸다면, 사람들은 다 제가 마마를 두려워해서 그랬다고 생각할 것입니다. 제가 마마를 두려워하지 않는다는 것을 보여 주기 위해 일부러 날짜가 지나기를 기다렸다가 오늘에야 가져온 것입니다."

그 말을 들은 왕비가 다시 랍비에게 물었습니다.

"그럼 랍비님이 진정 두려워하는 분은 누구입니까?"

"제가 두려워하는 분은 오직 한 분, 하나님뿐입니다. 저는 그것을 모든 사람들에게 보여 주고 싶었을 뿐입니다."

랍비의 말에 왕비는 옷깃을 여미면서 고개를 숙였습니다.

"그처럼 위대하신 하나님을 섬기는 당신에게 깊은

경의를 표합니다."

죽음을 두려워하지 않는 랍비의 용기에 왕비는 크게 감동을 받았습니다.

톡톡, 마음에 담기!

진정한 용기는 두려움을 몰아낼 수 있습니다.
옳지 않은 법이라면 따르지 않아야 하지만 대부분의
사람들은 항의하기를 두려워합니다.
그러나 마음속에 신념을 가지고 있는
지혜로운 사람들은 자기의 뜻을 당당히 밝힙니다.
두려워할 존재와 두려워하지 않아도
되는 존재를 잘 알아서 당당히 행동합니다.
옳은 일이면 옳다고 말하고, 옳지 않은 일이면
옳지 않다고 정직하게 말할 수 있는 굳센 마음바탕을
가질 수 있도록 노력해야겠습니다.

18
황금을 보기를 돌같이 하라

○●
최영(崔瑩, 1316~1388) : 고려시대 무신 · 재상

 최영은 고려 말의 장군이자 충신으로 일평생을 오직 나라와 백성들을 위해 싸운 명장입니다. 어릴 때부터 최영은 다른 아이들과 비교할 수 없을 만큼 몸집이 컸고 힘이 센 장사였습니다. 그리고 담력이 강해 두려움을 몰랐습니다. 최영이 활약한 고려 말기의 나라 형편은 안으로 간신들이 판을 치고, 밖으로 왜구와 홍건적이 쳐들어와 하루도 편할 날이 없었습니다. 그런 어려운 상황 속에서 고려 왕조를 충성으로 지키려 했던 고려의 마지막 명장으로 유명합니다.

최영은 15세 때 세상을 떠난 아버지가 남긴 '황금을 보기를 돌같이 하라'는 말을 평생의 신조로 삼아 청렴결백하게 살았습니다.

　최영의 아버지인 최유정은 성격이 청렴결백하여 많은 사람들로부터 존경받는 인물이었습니다. 최영도 이와 같은 가문에서 태어나 조상들이 가풍을 이어받아 의협심이 많고 옳지 못한 일을 보게 되면 결코 참지 못하는 성격이었습니다. 집안의 살림은 가난했으나, 마음에 품은 뜻이 굳세고 씩씩하여 대장부의 기상이 어릴 때부터 보였습니다.

　어느 날 최영은 마을 사람들이 품삯을 받고 일하는 모습을 보았습니다.

　최영은 그것을 보고 아버지에게 물었습니다.

　"아버지, 품삯을 주면 사람의 힘을 얼마든지 이용할 수 있네요?"

　"그렇지."

　"오십 명도 오백 명도 쓸 수 있나요?"

"그럼!"

"그렇다면 사람의 힘보다는 돈의 힘이 더 강한 게 아니에요?"

"그건 아니다."

아버지는 빙긋 미소를 지으며 최영에게 말했습니다.

"금전의 힘이란 무서운 것이란다. 그러나 금전이라는 것은 자기 개인의 영리나 가족의 호강을 위하는 길뿐이고, 나라와 겨레를 위해서는 불필요한 것이다. 그러니 황금을 돌과 같이 여기고 오직 민족과 국가를 위하여, 또는 불쌍하고 헐벗은 온 백성을 위하여 몸을 바치겠다고 결심하면 그 사람의 정신과 몸은 상상할 수 없을 만큼 깨끗해지는 것이다. 앞으로 너는 황금을 보게 되더라도 돌멩이라고 생각하여라."

"…?"

어린 아들이 의아한 표정을 짓자 아버지는 다시 설

명을 덧붙였습니다.

"다시 말해 땅바닥에 무수히 굴러다니는 하찮은 돌멩이로 생각하라는 말이다. 그러면 그것을 얻기 위해 잘못을 저지르는 일도 없을 것이고, 나쁜 마음을 먹지도 않게 될 것이다."

"네, 아버지. 말씀을 깊이 명심하겠습니다."

최영은 항상 아버지의 이 훈계 말씀을 띠에 써서 죽을 때까지 가슴에 새겨 잃지 않았습니다. 그리고 아버지의 말씀을 받들어 평생 청렴결백한 대신으로서 일생을 보냈습니다. 비록 국정을 잡고 위엄이 나라의 안팎까지 알려졌지만, 쌀 한톨이라도 남에게서 취함이 없었고 집안은 겨우 먹는 것에 만족할 뿐이었습니다.

톡톡, 마음에 담기!

오늘날을 일컬어 금전만능시대라고 하기도 합니다.
그러나 돈보다 더 소중한 도덕적 가치들이 있다는
것을 알아야 합니다. 최영 장군은 청렴한 생애를
보냈습니다. 집에 손님이 와서 이야기를 나누다 보면
대개 끼니때가 되게 마련인데 밥상이 나오지 않습니다.
이제나저제나 기다리다가 아무 소식이 없어,
"그럼 이만 가보겠네." 하고 자리에서 일어나려고 하면
붙잡아 앉힙니다. "끼니때가 되었는데 어딜 가나?"
못이긴 체 자리에 주저앉으면 또 감감 무소식입니다.
한참 후에야 상이 들어오는데 달랑 보리밥에
된장찌개뿐입니다. "하하, 정말 된장찌개의
맛이 일품이오." 어찌나 맛있었는지 장안에서
소문이 자자할 정도였습니다.
최영 장군 댁의 된장찌개는 이렇게 해서
유명해졌는데 '시장이 반찬' 이었던 셈이 아닐까요.

19
하늘은 스스로
돕는 자를 돕는다

○●
스마일스(Samuel Smiles, 1812~1904) : 영국의 저술가

"누가 제일 높이 뛰나 내기를 해보자!"

"좋아! 좋아!"

세 마리의 개구리가 신나게 장난을 치며 놀고 있었습니다. 그런데 너무 신나게 높이뛰기놀이를 하다가 한꺼번에 세 마리가 몽땅 큰 우유통 속에 빠지고 말았습니다.

"아이고, 이를 어째!"

"인제 우린 다 죽었다."

"밖에 아무도 없소? 개구리 살려!"

 우유통 안에는 우유가 반쯤 담겨 있었습니다. 아무리 발버둥치며 소리쳐 봐도 아무도 달려오지 않았습니다. 사방을 둘러보아도 통 속에서 빠져 나갈 길은 전혀 보이지 않았습니다.
 "아, 이 일을 어쩐단 말이냐?"
 "헉헉, 얘들아, 무슨 방법이 없겠니?"
 첫 번째 개구리는 빠져 나가려고 제 아무리 버둥거려 봐야 힘만 들 것 같아서, 아예 포기하기로 맘을 먹었습니다. 그래서

"차라리 편히 죽는 게 낫겠어. 모든 일은 하늘의 뜻에 달렸으니까."

이렇게 말하면서 제대로 한 번 버둥거려 보지도 않고 발을 모아붙인 채 꼼짝도 않고 있다가 죽어 버렸습니다.

두 번째 개구리는 통 속을 몇 바퀴 돌아보며 살 길을 찾아보았습니다. 아무리 찾아도 길이 보이지 않자,

"아, 불가능하구나. 아무리 애쓴다 해도 이 통 속에서 빠져 나갈 수는 없겠구나. 결국 난 비참하게 이 우유통에서 죽게 되나 보다! 아, 억울하구나!"

마구 울부짖으면서 버둥거리다가 결국 우유통 속에서 죽었습니다.

세 번째 개구리는 우유통 속에 빠지는 순간, 일이 잘못되었다는 것을 깨달았습니다.

"이런! 큰일났구나! 돌이킬 수 없는 큰 실수를 했어. 그러나 그렇다고 해서 이대로 가만히 앉아서

죽을 수는 없어. 어떻게든 살아날 길을 찾아야 해. 마지막 순간까지 길을 찾아 노력해야 돼!"

그러면서 잠시도 쉬지 않고 부지런히 몸을 놀려 계속 헤엄을 쳤습니다. 그런데 코를 우유 밖으로 내밀고 계속 헤엄을 치며 돌아다니다 보니까, 뒷발에 무엇인지 딱딱한 것이 닿는 것 같았습니다.

'어? 뒷발에 닿는 딱딱한 게 뭘까?'

그것은 버터였습니다.

'오, 됐다! 우유가 식으면서 딱딱한 버터가 되었어. 아, 그러면 살아날 길이 생기겠구나.'

세 번째 개구리가 쉬지 않고 뒷발로 우유를 휘저으며 헤엄치는 동안, 우유가 식으면서 버터가 만들어진 것입니다. 그리하여 살 길을 찾아 힘써 움직인 세 번째 개구리는 딱딱한 버터 덩어리를 밟고, 무사히 우유통 바깥으로 뛰어나올 수가 있었습니다.

톡톡, 마음에 담기!

성공한 기업가인 빌 게이트는 이렇게 말했습니다.
"나는 힘이 센 강자도 아니고,
그렇다고 두뇌가 뛰어난 천재도 아닙니다.
날마다 새롭게 변화했을 뿐입니다.
그것이 나의 성공 비결입니다.
change(변화)의 g를 c로 바꾸어 보십시오.
chance(기회)가 되지 않습니까?
변화 속에는 반드시 기회가 숨어 있습니다."
포기하지 않고 끊임없이 노력하면 반드시 기회가
주어진다는 것을 명심해야겠습니다.

20

사람은 자기가 한 약속을 지킬 만한 좋은 기억력을 가져야 한다

니체(Friedrich Wilhelm Nietzsche 1844~1900)

1940년 4월 29일은 우리 민족의 횃불이었던 도산 안창호 선생께서 상해에서 체포된 날입니다. 이날은 상해에서 독립운동을 같이하는 동지의 어린 딸의 생일이었습니다.

도산 선생은 일찍 잠에서 깼습니다. 며칠 전에 소녀를 만났을 때 한 약속 때문이었습니다.

"네 생일날에는 꼭 좋은 선물을 사 가지고 와서 축하해 주마."

도산 선생은 일찌감치 서둘러 옷을 챙겨 입었습니

다.

 당시의 상해는 계엄령이 심하여 주목을 받고 있는 인물일 경우에는 출입하기가 어려운 때였습니다. 일본 헌병과 경찰이 시내에 쫙 깔려 있었기 때문에 마치 살얼음 위를 걷는 듯 조심하며 살아야 했습니다. 일단 체포되었다 하면 말로 표현할 수 없는 참혹한 고문을 당해야 했기 때문입니다.

 "선생! 안에 계십니까?"

 갑자기 다급한 목소리가 들려왔습니다.

 '응? 무슨 일이지?'

 벌컥 방문이 밖에서 열렸습니다. 동지 한 명이 가쁜 숨을 몰아쉬며 말했습니다. 얼굴에서 굵은 땀방울이 송글송글 솟고 있었습니다.

"마침 계셔서 다행입니다. 안 계시면 어쩌나 걱정하면서 달려왔거든요."

"무슨 급한 일이라도…?"

손사래를 쳐가며 도산 선생의 말을 막은 동지가 말했습니다.

"시간이 없어요! 빨리 이곳을 피하시오. 거리에는 이미 선생을 체포하기 위해 일본 경찰과 헌병이 쫙 깔렸소."

"흠…, 그래요?"

"여기도 위험하니 조금만 더 있다 기회를 보아 빠져 나가야 합니다. 그래도 거리보다는 여기가 안전하니 절대로 외출은 하면 안 됩니다."

동지의 말에도 도산 선생은 외출 준비를 멈추지 않았습니다. 아무 일도 없었던 듯 얼굴은 평온하였습니다. 도산 선생의 행동을 지켜보던 동지는 답답하다는 표정으로 강조했습니다.

"절대로 나가시면 안 됩니다. 언제 이곳을 뜨라는 본부의 연락이 올지 모르니까요."
그때에야 도산 선생이 입을 열었습니다.
"무슨 일이 있어도 오늘은 이곳에 머물러야 하오. 꼭 지켜야 할 약속이 있다오."
동지의 눈이 둥그렇게 커졌습니다.
"선생은 제 발로 걸어서 일본놈들에게 잡히겠다는 겁니까? 지금 나가시면 그 꼴이 되고 말 것입니다. 목숨을 보전하시오, 선생."
동지의 만류에도 불구하고 도산 선생은 결연한 표정으로 말했습니다.
"내 동지의 어린 딸과 한 약속이니 지켜야만 하오."
도산 선생은 약속 장소로 가기 위해 거리로 나섰습니다. 거리에는 수없는 일본 경찰들이 삼삼오오 떼를 지어 삼엄한 경비를 펼치고 있었습니다.
'음, 어느 길로 가는 것이 안전할까?'

골목 어귀에서 잠시 생각을 가다듬은 도산 선생은 다시 걸음을 재촉했습니다. 무사히 소녀의 집에 도착한 도산 선생을 보고 소녀는 눈물을 글썽이며 기뻐하였습니다.

"정말 와 주셨네요!"

"온다고 하지 않았느냐?"

선물을 주고 잠시 소녀의 머리를 쓰다듬어 준 도산 선생은 집을 나섰습니다.

"앗! 저기 있다! 잡아라!"

일본 헌병이 부는 요란한 호루라기 소리가 거리에 시끄럽게 울려 퍼졌습니다. 죽을힘을 다해 도망치던 도산 선생 앞을 일본 경찰이 막아섰습니다. 더 이상 도망칠 데가 없었습니다.

"약속을 지키고 체포되었으니 유감이 없다."

그 후 도산 선생은 상해에서 한국으로 압송되었고 감옥에서 말할 수 없는 큰 고통을 겪었습니다.

톡톡, 마음에 담기!

약속은 지혜롭게 해야 합니다.
지키지 못할 약속을 하는 것은 옳지 않습니다.
지킬 수 없을 바에는 약속을 하지 않아야 합니다.
일단 약속을 했으면 반드시 지키는 것이 옳습니다.
너무나 많은 약속을 남발하는 사람은
지킬 수 있는 약속이 많지 않습니다.
자주 약속을 어기다 보면 신뢰감을
잃고 가벼운 사람이 되고 맙니다.
그러면 그때부터 그 사람의 말에는 힘이 없습니다.
한 마디 말의 힘이 중요하다는 것을 알고 늘
말과 약속에 신중한 사람이 되어야겠습니다.

21

매일 반성하라. 만약 잘못이 있으면 고치고, 없으면 더 반성해 보라

○●
주희(朱熹, 1130~1200) : 중국 남송의 사상가

선생님과 아이들이 교실에서 수업을 하고 있었습니다.

"사람은 사회적 동물입니다. 이 말은 무슨 뜻일까요?"

한 아이가 손을 들고 대답했습니다.

"사람은 혼자서는 살아가지 못한다는 말입니다."

"그럼 사람이 이 세상을 살아갈 때 어떤 태도로 살아가야 할까요?"

이번에는 다른 학생이 손들 들고 대답했습니다.

"네, 혼자 사는 것이 아니기 때문에 다른 사람의 형편을 잘 헤아릴 줄 알아야 합니다."

선생님은 학생의 대답이 기특한 듯 미소를 지으며 말했습니다.

"네, 잘 말했어요. 사람은 자기만 아는 이기적인 사람이 되어서는 안 됩니다. 나보다는 우리를 먼저 생각하는 사람이 많아질 때 세상은 아름다워진답니다."

그때 한 학생이 번쩍 손을 들고 일어서며 말했습니다.

"선생님, 그런데 왜 어른들은 그렇게 살지 않는 거지요? 이런 사실을 다 배웠을 텐데요. 나보다 우리를 먼저 생각하는 어른들은 별로 없는 것 같아요. 왜 배운 대로 살지 못하는 걸까요? 부자들은 가난한 사람들을 도와주기는커녕 부동산 투기를 해서 돈을 더 벌려고 하잖아요? 어른이 되면 다 그렇게 욕심쟁이가 되어 버리는 걸까요?"

"음…."

선생님은 어떻게 대답을 해줄까를 생각하는 듯 잠시 말이 없다가 이윽고 입을 열었습니다.

"자, 모두들 저 유리창 밖을 봅시다. 어떤 모습들이 보이나요?"

학생들은 모두 선생님의 말대로 창밖으로 고개를 쑥 빼고 내다보았습니다. 여느 날과 다름없이 운동장 너머의 거리에는 활기차게 오고 가는 사람들과 차들이 보였습니다.

"어떤 아저씨가 휠체어를 타고 건널목을 건너고 계십니다."

"승용차 한 대가 갓길에 차를 세우고 타이어를 바

꾸고 있어요. 타이어가 펑크났나 봐요."

아이들이 소리를 내어 웃자 선생님도 따라 웃었습니다.

"자, 그럼 주목! 이번에는 이 손거울을 들여다보세요."

선생님은 작은 손거울을 한 학생에게 건네주었습니다. 학생은 손거울을 들여다보았습니다.

"이번에는 뭐가 보이나요?"

"네, 개성 있는 제 얼굴이 보입니다."

학생의 말에 교실 안은 와하하, 웃음이 터졌습니다.

잠시 후에 선생님이 다시 물었습니다.

"자, 그럼 다시 묻겠어요. 거울은 어떻게 만들지요?"

"유리의 뒷면에 수은을 칠해서 만들어요!"

금세 대답이 나왔습니다. 그 대답이 나오기를 기다리기나 한 것처럼 선생님이 목소리를 높여 말했습니다.

"바로 그거예요!"

"네?"

학생들의 얼굴이 호기심으로 반짝거렸습니다.

"창문이나 거울이나 똑같이 유리로 만드는 건 다 알지요? 그런데 창문으로 내다보면 다른 사람들의 모습이며 거리의 모습이 환히 보이는데 거울은 자기의 얼굴밖에 보이지 않아요. 사람도 유리와 하나도 다를 것이 없어요."

"어떤 점이요?"

"사람의 마음이 창문처럼 맑고 밝으면 다른 모든 것이 잘 보이지만, 유리에 수은을 바르듯 마음에 욕심을 덕지덕지 발라놓으면 다른 것은 볼 수 없게 된답니다."

"아, 그렇구나!"

학생들은 비로소 이해가 된다는 듯 크게 고개를 끄덕였습니다.

톡톡, 마음에 담기!

사람이 처음 태어날 때는 백지와 같은
깨끗한 마음입니다. 그런데 살아 나가면서
욕심이 마음을 더럽히기 시작합니다.
다른 사람보다 더 많이 갖겠다는 생각은
옳지 않은 마음입니다. 그런 나쁜 마음을 버리고
마음바탕을 깨끗이 닦아야 마음의 평화도 찾아옵니다.
무엇보다도 사람은 자기 자신의 마음에
주의를 기울여야 합니다.
시시때때로 들여다보고 점검하는 지혜가 필요합니다.
먼지도 묻은 지 얼마 되지 않았을 때에는
가볍게 물로 닦아낼 수 있습니다.
그러나 오래 되어 먼지가 들러붙을 정도가 되어
버리면 씻어내기가 참으로 어렵습니다.

22
행복의 한 쪽 문이 닫히면 다른 쪽 문이 열린다

헬렌 켈러(Helen Adams Keller, 1880~1968) : 미국 맹농아저술가 · 사회복지사업가

"급성 뇌염입니다. 생명을 구할 수 있을지 자신이 없습니다."

아기 헬렌을 진찰한 의사는 무거운 표정으로 말했습니다.

"선생님, 우리 헬렌을 꼭 살려주세요!"

어머니는 의사에게 매달려 울었습니다. 하지만 의사도 어찌할 바를 몰랐습니다.

그런데 며칠 뒤에 기적이 일어났습니다. 약으로도 내리기 어려웠던 헬렌의 열이 씻은 듯이 가신 것입니다.

"오, 하느님이 우리 헬렌을 살려 주셨어요."

어머니는 기뻐 어쩔 줄을 몰랐습니다. 의사도 아버지도 그저 하느님의 은혜에 감사했습니다. 그러나 그 기쁨은 얼마 가지 못했습니다. 헬렌이 파란 눈을 뜬 채로 깜박거리지 않는 것이었습니다.

"헬렌, 왜 그러니?"

어머니가 소스라쳐 의사를 불렀지만 헬렌은 눈을 볼 수가 없게 되고 말았습니다. 뇌염에서는 나았으나 볼 수가 없고, 들을 수도 없었으며 말하지도 못했습니다.

"아, 우리 헬렌이 어쩌다가 이렇게…."

하나의 장애만으로도 하늘이 무너지는 듯한 고통인데, 헬렌은 세 가지 장애를 한꺼번에 가진 아이가 된 것입니다.

'우리 불쌍한 딸….'

온 집안은 크나큰 슬픔에 싸이고 말았습니다. 어머

니는 잠시도 헬렌의 곁을 떠나지 않고 사랑으로 돌보아 주었습니다. 헬렌은 자라면서 손으로 물건을 더듬어 아는 느낌과, 냄새를 맡는 감각을 키웠습니다. 몸이 불편했기 때문에 짜증이 심해진 헬렌은 고집이 너무 강했습니다. 제 마음에 안 들면 지칠 때까지 바닥을 마구 뒹굴며 울곤 하였습니다.

"헬렌을 이대로 키워서는 안 돼. 교육을 맡아줄 만한 선생님을 찾아봐야겠소.'

아버지는 퍼킨스 맹아 학교에 부탁하여 설리번이라는 젊은 여자 선생님을 가정교사로 맞이하게 되었습니다. 설리번은 원래 눈병을 앓아 장님이 되었으나, 퍼킨스 맹아 학교에 들어가서 유명한 안과 의사를 만나 수술을 받고 앞을 볼 수 있게 되었습니다. 설리번의 꿈은 평생 불구자를 위해 봉사하는 것이었습니다.

7살 된 헬렌이 현관에 앉아 햇볕을 쬐고 있는데 누군가가 다가왔습니다. 버릇처럼 헬렌은 손을 내밀었습니다. 헬렌을 꼭 껴안아 주는 사람은 어머니가 아니라 설리번 선생님이었습니다. 설리번은 헬렌의 손에 말랑말랑한 것을 쥐어주었습니다. 그것은 인형이었습니다.

 설리번 선생님은 헬렌의 손바닥에 '인형'이라고 써 주었습니다. 헬렌은 그때까지 글자를 몰랐습니다. 그것이 재미있는 장난인 줄 알았고, 헬렌도 '인형'이라고 손가락으로 쓰게 되었습니다. 설리번 선생님이 온 지 한 달 만에 헬렌은 명사 18개와 동사 3개를 완전히 익혀서 쓸 줄 알았습니다. 그런데 2개의 낱말이 헬렌의 머리를 어지럽혔습니다.

 '컵에 물을 담아 마셨는데 어느 것이 물이고, 어느 것이 컵인지 모르겠어.'

 하루는 설리번 선생님이 헬렌과 정원을 산책하다가 요리사가 펌프질을 하는 것을 보았습니다. 설리번 선생님은 헬렌을 그 곳으로 데리고 가서 쏟아지는 물을 손에 대어 주고는 '물'이라는 글자를 손바닥에 써 주었습니다. 영리한 헬렌의 머릿속에 탁 트이며 큰 기쁨과 함께 눈부신 깨달음을 얻게 되었습니다.

'컵 속에 들어 있는 것도 물이고, 방금 손으로 만진 것도 물이구나. 그러니까 모든 물건에는 제각기 이름이 있는 거야!'

헬렌은 설리번 선생님과 함께 하는 공부가 너무나 재미있었습니다. 자신에게 지워진 세 가지 장애도 무겁게 느껴지지 않았습니다.

1899년, 마침내 헬렌 켈러는 건강한 사람도 들어가기 힘든 하버드 대학교 여자부 래드클리프 대학의 입학시험에 합격해 미국 최고의 교육을 받았습니다. 뒷날, 헬렌 켈러의 이름이 세계에 알려지자 원고료와 인세·강연료로 많은 재산을 모을 수가 있었습니다. 헬렌 켈러가 유명해진 것은 언제나 뒤에서 가르치고 도와준, 마치 분신과도 같은 설리번 선생님이 있었기 때문입니다.

"나는 나의 기쁨을 불행한 사람들에게 골고루 나

누어 주겠습니다."

헬렌 켈러는 이렇게 말했습니다. '빛의 천사' 헬렌 켈러는 평생을 장애자들을 위해 봉사하며 살았습니다.

톡톡, 마음에 담기!

몸의 어느 한 부분만 불편해도 실망하고 불평을 하는 것이 사람입니다. 그런데 헬렌 켈러는 큰 장애가 세 가지나 있었습니다. 한 가지 장애를 가지고도 모든 것을 포기하고 하루하루를 슬프게 보내는 사람도 많지만 헬렌 켈러는 그러지 않았습니다. 설리번 선생님의 가르침을 받으면서 보람 있는 삶을 살아갔습니다. 그리고 정상인도 못 들어가는 훌륭한 대학에서 공부하고 활발한 사회활동을 했으며, 불우한 이웃을 위해 살았습니다. 우리도 마음을 새롭게 하여 사회에 유익을 줄 수 있는 사람으로 자라야겠습니다.

23

노력은 항상 어떤 이익을 가져온다. 성공 못하는 자들에게는 게으름의 문제가 있다

카뮈(Albert Camus 1913~1960) : 프랑스의 작가

오하이오 주에서 태어나 미국의 제20대 대통령을 지낸 가필드는 어린 시절 집안이 몹시 가난했습니다. 그래서 공부할 시기에 돈이 없어 배울 수가 없었습니다. 남들처럼 배우지 못하고 시간만 흘러가자 가필드의 마음은 급해지면서 조바심이 났습니다.

'더 이상 꾸물거릴 수가 없다. 어려운 집안에 기대지 말고 내 힘으로 학비를 벌어야겠어. 내가 어리다고 해서 돈을 벌지 말라는 법은 없잖아?'

가필드는 여러 가지 일자리를 알아보았으나 생각

했던 것만큼 돈을 버는 일이 쉽지 않았습니다. 그러다가 큰 농장을 보게 되었습니다. 농장 안에서는 많은 사람들이 오가며 바쁘게 움직이고 있었습니다.

'아, 농장은 참 크구나. 저렇게 크니까 분명히 내가 할 일도 있을 것 같아.'

가필드는 옷을 단정하게 차려입고 한 농장을 찾아갔습니다.

"무슨 일로 왔느냐?"

사람 좋아 보이는 농장 주인이 가필드에게 물었습니다.

"여기는 일손이 많이 필요하지요?"

"그럼. 언제나 일손이 모자라 발을 동동거린단다."

농장 주인의 말에 가필드의 얼굴이 활짝 펴졌습니다.

"아저씨, 그럼 저도 일할 수 있겠네요?"

"뭐야? 네가? 하하하."

농장 주인은 가필드를 위아래로 쳐다보며 너털웃

음을 터뜨렸습니다.

"저는 정말 부지런하거든요. 그리고 성실하고요. 꾀도 부리지 않아요. 열심히 일하겠어요."

"얘야, 우리 농장 안을 좀 둘러보아라. 어디에 너만한 어린애가 있느냐? 여긴 장정이 필요하단다. 저렇게 힘든 일을 너 같은 애가 할 수 있겠느냐? 좀더 자라서 오면 내가 꼭 일꾼으로 써 주마"

가필드의 씩씩함이 마음에 들었던 농장 주인은 친절하게 타일렀습니다. 그러나 거절에도 불구하고 가필드는 물러서지 않았습니다. 학교에 다니고 싶은 마음이 너무나 컸기 때문입니다.

"그럼, 제가 장정만큼 일하면 되지 않겠습니까? 일하게 해주십시오."

"허, 이 녀석도 참…! 고집도 어지간하구나."

"네, 열심히 일하겠습니다."

"좋다, 그럼 한번 일해 보거라. 힘에 부치면 언제든지 그만두어도 좋다."

가필드의 굳센 의지에 감탄한 농장 주인이 어린 소년을 농장 일꾼으로 써 주었습니다.

농장에서 일을 시작한 첫 날이었습니다. 저녁 식사 후, 가필드는 주인을 찾아와서 말했습니다.

"저…, 초 한 자루만 주십시오."

"초를? 어디에 쓰려구?"

"낮에는 일하느라고 시간이 없으니 밤에 공부하려고요."

열심히 공부하는 가필드의 실력은 나날이 늘어갈 수밖에 없었습니다.

시간이 흘러 가필드는 윌리엄스 대학에 입학하였습니다. 동급생 중에는 수학 성적이 탁월하게 뛰어난 학생이 있었습니다. 그를 따라 잡기 위해 열심히 공부했지만 아무리 노력해도 따라잡을 수가 없었습니다.

어느 날 밤, 가필드는 공부를 마치고 잠자리에 들었는데 수학 성적을 생각하자 잠이 저만큼 달아나 버렸습니다. 가필드는 벌떡 일어나서 그 학생의 방 앞에 가 보았습니다. 놀랍게도 그 학생의 방은 아직 불이 환하게 켜져 있었습니다. 약 10분 후에 방의 불이 꺼졌습니다. 그때 문득 가필드에게 깨달아지는 것이 있었습니다.

'아, 그래! 바로 이 10분이야!'

그날부터 가필드는 그 학생보다 10분 일찍 일어나고 10분 늦게 잠자리에 들었습니다. 또한 수업 시간을 10분 일찍 들어가서 예습하였습니다. 그렇게 노력한 결과 가필드는 전체 수석을 차지할 수 있었습니다.

"10분을 이용하는 것, 이것이 모든 일에 성공을 가져오는 비결입니다."

뒷날 대통령 취임식에서 가필드는 이렇게 고백했습니다.

톡톡, 마음에 담기!

노력을 이기는 장사는 없습니다.
꾸준히 노력하는 것이 중요합니다.
위대한 사람들의 삶을 살펴보면 평탄한 환경에서
성공한 사람은 별로 없습니다.
남보다 더 노력하고 땀을 흘린 결과가
성공을 이끌어 온 것입니다.
환경을 탓하기 시작하면 점점 더 풀이 죽게 되고
소극적으로 변해갑니다.
무기력해진 마음으로는 환경을 극복해 낼 수 없습니다.
힘차게 박차고 일어나서 "나는 이겨낼 수 있다!"라고
외쳐보십시오! "나는 더 노력할 수 있다!"
이 마음이 중요한 것입니다.

24

모범이란 남에게 영향을 주는 주된 일이 아니라 유일한 일이다

슈바이처(Albert Schweitzer, 1875~1965) : 독일 신학자 · 사상가 · 음악가 · 의사

 알베르트 슈바이처는 1875년에 독일의 알자스 지방에서 목사의 아들로 태어났습니다. 24살 때 이미 철학 박사가 된 슈바이처는 스트라스부르 대학 신학부의 교수로 일했습니다. 어느 것 하나 부족함이 없는 생활이었습니다.

 1904년 슈바이처는 기숙사에서 책상 위에 놓여 있는 잡지 한 권을 보았습니다.

 '어, 웬 잡지지?'

 한가로웠던 슈바이처는 그 잡지를 읽기 시작했습

니다. 내용은 아프리카인들의 비참한 생활에 대한 것이었습니다. 무지와 가난과 질병에 허덕이는 비참한 사정을 직접 본 콩고 지방의 선교사들이 쓴 것입니다.

'…이 곳에는 약도 의사도 없습니다. 의사가 와 준다면 좋겠습니다.'

그 글을 읽는 순간, 슈바이처는 가슴에 엄청난 통증을 느꼈습니다. 마치 누군가가 "너다!"라고 말하는 듯했습니다. 슈바이처는 잠시 눈을 감고 깊은 생각에 잠겼습니다. 자신이 받은 충격이 어떤 것인지를 생각해 보았습니다. 마침내 슈바이처가 내린 결론은 이것이었습니다.

'내가 가야겠다. 내가 의사가 되어 아프리카로 가자!'

슈바이처는 아프리카 흑인들을 위해 일생을 바치기로 결심하였습니다. 슈바이처의 결심을 들은 친구들은 크게 반대를 하였습니다.

"그건 미친 짓이야. 그렇게 무더운 지방에 가면 자네는 적응할 수가 없네. 풍토병은 또 얼마나 위험한지 아는가? 목숨을 잃고 말 거야."

말리는 것은 친구들뿐만이 아니라 부모님도 펄쩍 뛰었습니다.

"이해할 수가 없구나. 아프리카라니! 늙은 부모를 버리겠다는 거냐?"

"학자로서 음악가로서 이미 세상에 알려진 네가 뭐가 부족해서? 응? 아프리카로 가는 건 절대로 안 된다."

슈바이처는 차근차근 부모님을 설득해 나갔습니다.

"저는 분에 넘치는 행복을 누리며 살아왔습니다. 좋은 가정과 재능 덕분에 성공하기도 어렵지 않았지요. 특별히 좋은 환경에서 자란 혜택을 받았으니 저는 그 혜택을 되돌려 줘야 한다고 생각합니다. 그래서 30살이 넘으면 불쌍한 사람들을 위해 살기로 결심했습니다."

부모님은 슈바이처가 분명한 목적을 가지고, 불쌍한 이웃을 사랑하며 살겠다는 말에 더 이상 반대할 수가 없었습니다.

슈바이처는 곧 스트라스부르 대학의 의학부에 입학 지원서를 냈습니다. 의학대학의 동료 교수들은 그의 지원서를 보고 깜짝 놀랐습니다.

"이게 무슨 일이야? 대학 교수가 도로 학생이 되겠다니…?"

신념이 없었다면 정말 실천하기 쉽지 않은 일이었습니다.

의학 공부를 시작한 슈바이처는 아프리카에 병원을 세울 계획을 세웠습니다.

'돈을 모아야 하는데…. 그래, 파이프 오르간 연주회를 열어야겠다.'

유명한 오르간 연주자였던 슈바이처는 짬짬이 연주회를 열어 돈을 모았습니다.

36살 때 의학 박사가 된 후에도 슈바이처는 파리에 가서 1년을 더 공부했습니다. 그리고 반려자로서 자신의 옆에서 의술을 도와 줄 아내와 결혼도 하였습니다.

  마침내 슈바이처는 아프리카로 떠났습니다. 1924년에 아프리카 람바레네에 병원다운 건물이 비로소 마련되었습니다. 얼마 뒤에는 유럽에서 젊은 의사 두 사람과 간호사 두 명이 슈바이처를 도우러 찾아왔습니다.

  "어서 오시오. 우리 함께 열심히 일해 봅시다."

  흑인들은 슈바이처를 '큰 선생님'이라 부르고, 다른 의사들을 '작은 선생님'이라고 부르면서 따랐습니다. '적도의 성자'로 불리며 아프리카 흑인을 위해 일했던 그는 1952년 노벨 평화상을 받았습니다.

톡톡, 마음에 담기!

말로 남을 돕기는 쉽습니다.
그러나 행동으로 남을 돕기는 어렵습니다.
그중에서도 태어나고 자란 조국을 떠나서,
아프리카나 오지 등에서 사랑을 전하는
삶을 살기는 더 어렵습니다.
그러나 그러한 희생을 통한 봉사가 있었기에
아프리카의 흑인들이 의료 혜택을 볼 수
있었던 것입니다. 우리나라에도 여러 선각자들이
목숨의 위험을 무릅쓰고 찾아왔던 역사가 있습니다.
후세 사람들이 우러러보는 그런 훌륭한 일은
높은 도덕과 인격을 갖추어야만 할 수 있습니다.
우리도 열심히 공부하고 마음을 닦아 이웃에게
도움을 줄 수 있는 사람들이 다 되어야겠습니다.

25
아는 것이 힘이다

○●
베이컨(Francis Bacon, 1561~1626) : 영국의 철학자

끝없이 광활한 바다 위를 대형 선박 한 척이 유유히 달리고 있었습니다. 그 배는 최고급 관광선이었기 때문에 승객들은 거의가 다 내로라하는 부자들이었습니다.

"아, 나는 이런 사람이오만…"

모두들 명함을 나누며 부와 명예를 자랑하느라 정신이 없었습니다.

그런데 이런 소란스러운 사람들 속에서 묵묵히 앉아 있는 한 사람이 있었습니다. 그는 랍비였습니다.

검소한 차림의 랍비는 부자들의 이야기에 끼어들지 않고 듣기만 하였습니다.

　지중해의 섬을 몇 개 사들였다는 부자가 랍비에게 물었습니다.

　"선생은 누구십니까? 재산은 얼마나 됩니까?"

　부자의 질문은 무척 교만한 것이었지만 랍비는 미소 지으며 대답했습니다.

　"꽤 많은 재산이 있지요."

　순간, 한껏 으스대던 부자들의 호기심어린 눈길이 일제히 랍비에게로 쏟아졌습니다. 거의 다 믿어지지 않는다는 표정들이었습니다.

"동산이 많소, 부동산이 많소? 재산이 얼마나 되오?"

"아마도 이 배에 탄 모든 사람들 중에 최고가 아닐까요."

"뭐라고요? 아니, 그렇게나 큰 부자라고요?"

랍비의 대답에 부자들의 눈이 화등잔처럼 커지며 금세 풀죽은 목소리가 되었습니다.

"얼마인지 수치로 공개할 수는 없지만 언젠가 분명히 알게 될 것입니다."

랍비의 말에 부자들은 일제히 속았다는 듯이 코웃음을 치며 빈정거렸습니다.

"그러면 그렇지! 당신이 부자라는 건 분명 허튼 거짓말일 것이오."

배가 바다 한가운데로 들어섰을 때, 갑자기 사방에서 해적들이 몰려와 배에 올랐습니다. 해적들은 배 안에 있는 모든 돈과 귀중품을 모조리 빼앗아 가 버렸습니다. 부자들이 입고 있던 비싼 옷까지도 벗겨

갔습니다.

  기름이 떨어진 배는 더 이상 항해할 수 없어서 가까운 작은 섬에 닻을 내렸습니다. 오랫동안 굶주린 사람들은 기운이 없어서 잘 걷지도 못했습니다.

"후유…, 먹을 것을 어떻게 구한단 말이오?"

"이렇게 모여 다니지 말고 흩어져 살 길을 찾아봅시다. 모여 있으면 구걸을 하기도 어렵지 않겠소?"

  평소에 돈이 많아 놀고먹으며 살던 사람들에게 특별한 기술이나 재주가 있을 리 없었습니다.

"자격증이 없으면 몸으로 하는 궂은일밖에는 없습니다."

"그 일이라도 하겠소."

  그들은 배에서 짐을 날라주는 짐꾼이나 남의 집 허드렛일을 해주며 겨우 입에 풀칠을 해 나갔습니다.

  한편 랍비는 섬에서 내리자마자 마을의 학교를 찾아갔습니다.

"무슨 일로 오셨는지요?"

"저는 랍비입니다. 학생을 가르치고 싶습니다."

교장 선생님은 랍비와 대화를 나누면서 그의 해박한 지식에 기뻐하며 진심으로 환영하였습니다.

"당장 오늘부터 우리 학생들을 가르쳐 주십시오."

랍비는 그날부터 사람들의 존경을 받으며 학생들을 가르치게 되었습니다.

몇 달 후, 거리를 걷던 랍비는 함께 여행했던 부자들을 만났습니다. 과거의 호화로운 모습은 간데없고 누더기 차림에 비쩍 말라 있었습니다. 그들이 어떤 생활을 하고 있는지는 설명해 주지 않아도 알 수 있었습니다.

그들은 랍비를 보자 부끄러워하면서 고개를 숙였습니다.

"랍비님, 선생의 말씀이 옳았습니다. 지식을 가진 것은 세상 모든 것을 가진 것과 다름이 없군요. 우린 왜 진작에 그것을 몰랐을까요. 당신이 가장 부자입니다."

톡톡, 마음에 담기!

사람이 열심히 공부해서 얻은 지식이나 배움은 결코 누가 훔쳐갈 수 없습니다. 중간에 사라지거나 없어지지도 않습니다. 그 사람이 죽을 때까지는 안전합니다.
좋은 집도 불에 타면 까만 잿더미로 변해 버립니다. 홍수가 나면 흔적도 없이 물이 쓸려 내려가 버리기도 합니다. 화려하고 값비싼 재물도 도둑이 들어 훔쳐가 버리면 없어지게 됩니다. 사업도 잘 될 때가 망할 때도 있습니다. 이 세상의 모든 만물은 있다가도 없어지게 되어 있습니다. 그러나 지식은 그렇지 않습니다. 그러므로 돈이나 재물보다도 안전한 지식을 쌓는 데에 더 노력해야 하겠습니다. 인생은 죽을 때까지가 하나의 과정입니다. 그러므로 배우는 일을 멈출 수 없습니다. 시대가 변함에 따라 환경에도 삶에도 변화가 있습니다. 배우기에 게으른 것은 삶의 의미를 훨씬 줄어들게 합니다. 모르던 그 무엇 하나를 알고 나서 보면 세상은 훨씬 넓고, 삶은 더 깊은 의미로 연결됩니다. 배우지 않은 세월이 겹쳐지는 삶에는 후회만이 쌓일 뿐입니다.

26

고난과 불행이 찾아올 때 비로소 친구가 친구임을 안다

이태백(李白, 701~762) : 중국 당나라 시인

 어느 날, 한 젊은이가 임금님의 궁전에서 급한 부름을 받았습니다.

 '명령을 받는 즉시 서둘러 대궐로 들어오라. 이 명령을 어기면 큰 벌을 내리겠노라.'

 생각지도 않은 임금님의 부름을 받은 젊은이는 새파랗게 질리고 말았습니다.

 '어떻게 이런 일이? 임금님이 나 같은 것을 직접 부르시다니! 내가 어떤 잘못을 저질렀던가? 혹시 나도 모르는 사이에 국가에 큰 손해를 끼친 것은

아닐까? 아, 정말 불안하구나!'

젊은이는 혼자서 궁전에 들어가는 일이 너무 겁이 났습니다. 유명한 사람도 아니고 이름도 없는 평범한 청년에 지나지 않는데 무슨 일로 대궐에 불려 갈 일이 있겠습니까. 분명히 큰일이 난 것입니다.

'두렵다고 해서 안 갈 수는 없어. 안 가면 군인들이 와서 당장 날 잡아갈 거야. 임금님이 명령을 어긴 사람을 그냥 두시겠어? 가자니 무섭고, 안 가자니 더 무섭고…, 정말 이 일을 어쩌면 좋단 말인가.'

두 손으로 머리를 감싼 채 고민하던 젊은이에게 순간 좋은 생각이 떠올랐습니다.

'아, 내겐 친한 친구들이 있지. 같이 가면 덜 무섭고, 또 친구들은 나를 잘 아니까 무슨 일이 있어도 변호해 줄 수 있을 거야.'

젊은이의 머릿속에 파노라마처럼 세 친구의 얼굴이 떠올랐습니다. 첫 번째 친구는 젊은이가 세상에서

둘도 없이 소중하게 생각하는 친구였습니다. 두 번째 친구 역시 젊은이가 믿고의지하는 친구였지만 첫 번째 친구만큼은 아니었습니다. 그리고 세 번째 친구는 친하게 지내기는 했지만 별로 소중하게 생각되지는 않았습니다.

젊은이는 안절부절못하며 첫 번째 친구를 찾아갔습니다. 첫 번째 친구는 반가워하며 젊은이를 맞아 주었습니다. 급한 마음에 젊은이는 따발총을 쏘듯이 말을 쏟아놓았습니다.

"큰일났네, 친구. 임금님이 내일 아침 일찍 대궐로 들어오지 않으면 큰 벌을 내리겠다고 하셨네. 가긴 가야겠는데 나 혼자서는 무서워서 엄두가 나지 않아. 그러니 소중한 친구여, 나와 함께 좀 가주지 않겠나?"

젊은이의 말에 첫째 친구는 얼굴에서 웃음을 거두며 말했습니다.

"어쩌나? 급한 일이 있어서 함께 가 줄 수가 없네."

젊은이의 얼굴에 크게 실망의 빛이 어렸습니다.

"아, 그런가? 어쩌겠나, 다른 친구에게 부탁해야지."

젊은이는 총총히 두 번째 친구를 찾아가서 부탁했습니다.

"대궐 앞까지만 함께 가주겠네. 왜냐하면 임금님께서 자네 혼자만 들어오라고 하셨으니까 말일세. 명령을 어겼다고 화를 내실지도 모르니까…."

두 번째 친구가 잔뜩 겁먹은 표정으로 말했습니다.

젊은이의 실망은 대단히 컸습니다. 가족과 다름없이 소중하게 생각하던 두 친구에게 배신당한 것 같은 마음이 들었습니다.

마지막으로 젊은이는 세 번째 친구를 찾아갔습니다. 마음이 무거웠습니다. 가장 친하다고 믿었던 두 친구가 거절했는데 세 번째 친구가 허락해 줄 것 같지 않았습니다.

"큰일났네. 임금님께서 내일 아침 일찍 대궐로 들

어오라고 하셨네. 큰 벌을 받게 될지도 모르겠어. 도저히 무서워서 발걸음이 떨어지지가 않아. 나와 같이 좀 가 주겠나?"

말이 끝나기도 전에 세 번째 친구는 젊은이의 손을 꼭 잡으며 말했습니다.

"가주고말고! 우린 가까운 친구 사인데, 그 정도 수고야 못하겠나? 아무 걱정 말게나. 난 자네를 잘 알고 있지 않은가? 자네의 결백에 대해 증인이 되어 주겠네."

세 번째 친구의 말을 듣는 젊은이의 얼굴에는 안도의 빛이 어렸습니다.

"고맙네. 자네야말로 나의 진정한 친구일세."

눈물을 글썽이며 젊은이는 세 번째 친구의 손을 꼭 잡았습니다.

톡톡, 마음에 담기!

우정은 참으로 귀한 것입니다.
좋은 친구를 얻기 위해서는 내 자신이 먼저
좋은 친구가 되어 주어야 합니다.
진실한 마음으로 우정을 나눌 수 있는 친구가 있다면
이 세상을 살아가면서 외롭지 않을 것입니다.
진정한 친구는 환경이 어떻게 변하든지 마음이
변하지 않고 서로 돕고 힘을 줍니다.
환경에 따라서 마음이 변하는 것은 진정한 친구가
아닙니다. 친구가 옳지 않은 일을 할 때면 충고하고
돌이킬 수 있도록 해줍니다.
내가 친구에게서 받는 것보다 더 많은 것을 주려는
마음가짐으로 서로 대한다면
오래오래 우정을 나눌 수 있을 것입니다.

27

작은 구멍이 배를 침몰시키고 죄 한 가지가 사람을 파멸시킨다

버니언 (John Bunyan, 1628~1688) : 영국의 종교작가

조선시대 중종 때 영의정을 지낸 홍언필은 모든 일에 조심성이 많았습니다. 그는 성품이 겸손하고 생활이 아주 검소했습니다. 그래서 벼슬아치들이 부리는 허세나 사치를 아주 싫어했습니다. 벼슬이 정승의 자리에 올랐지만 절대로 가마를 타고 다니지 않았습니다.

"아버님, 이제 그만 가마를 타고 다니시지요. 요즘 들어 몸도 불편하시지 않습니까?"

아들들이 거듭 권해도 그는 들은 척도 하지 않았습

니다.

"아니다. 나라의 중요한 자리를 맡은 사람이니 몸가짐을 바르게 해야 할 의무가 있다."

가족들은 안타깝고 걱정이 되었지만 고집을 꺾을 수는 없었습니다.

어느 해, 홍언필의 환갑날이 돌아오자 아들딸들이 모여 의논을 했습니다.

"이러다가 평생 한 번도 잔치를 해드릴 수가 없을 것 같습니다. 이번에는 우리가 우겨서라도 꼭 잔치를 해 드립시다."

"네, 그렇게 합시다. 다른 사람들이 자식들 흉을 보게 생겼어요. 아버님도 자식 된 우리 처지를 조금만 더 생각해 주셨으면 좋겠는데…."

아들들은 어떻게 해서라도 아버지의 환갑잔치를 크게 치르기로 약속하고 함께 홍언필의 방에 들어와서 뜻을 전했습니다.

"아버님, 저희들이 이렇게 모인 건 이번 아버님 생

신…."

그러나 말이 미처 다 끝나기도 전에 방 안에서 호통 치는 소리가 터져 나왔습니다.

"고얀 것들! 그렇지 않아도 내가 분에 넘치게 높은 지위에 올라서 항상 마음이 살얼음 위를 딛는 듯 조심스러운데 잔치가 무슨 말이냐!"

"그래도 사람들의 눈도 있고…."

"그 눈들이 있고, 너희들이 다 벼슬자리에 있기 때문에 행동을 조심해야 하는 것이다. 그런 소리 하려거든 썩 나가거라!"

아버지의 서슬 푸른 태도에 놀란 아들들은 더 이상 우기지 못하고 방에서 물러나오고 말았습니다. 그래서 홍언필의 환갑날도 다른 해와 마찬가지로 단출한 생일상을 받았습니다.

홍언필의 성품이 이 정도로 검소했기 때문에 아들들이나 사위들은 높은 지위에 있었지만 으스대거나 뽐낼 수 없었습니다. 집안의 크고 작은 일에도 상다리가 부러질 만큼 풍성하게 음식을 차려서 잔치도 해 보지 못했습니다.

세 번이나 영의정을 지낸 아들 홍섬이 판서로 있을 때의 일입니다. 어느 날인가 홍섬이 초헌을 타고 돌아온 적이 있었습니다. 초헌이란 높은 벼슬아치들만이 타고 다니는 화려한 가마입니다. 어머니인 송씨 부인은 초헌을 타고 온 아들이 몹시 자랑스러웠습니다. 확실히 초헌은 거기에 탄 사람을 돋보이게 해주는 힘이 있는 듯했습니다.

'아유, 보기만 해도 참으로 흐뭇하구나. 이런 좋은 것을 우리 아들이 날마다 타고 다니면 좋으련만…'

어머니인 송씨 부인은 초헌을 타고 온 아들이 몹시 자랑스러웠습니다. 그래서 참지 못하고 남편에게 그 날 일을 말했습니다.

"저는 초헌이라는 것이 그렇게 사람을 돋보이게 하는 물건인 줄은 몰랐습니다. 내 아들의 풍채가

달라보이지 뭡니까! 정말 어깨가 으쓱하더라니까요."

부인의 말을 들은 홍언필의 표정이 점점 어두워졌습니다.

"그 애가 정말 초헌을 타고 돌아다녔단 말이오?"

"네, 앞으로도 계속 타고 다니면 좋을 듯합니다."

"당장 불러오시오!"

부인은 남편의 무서운 표정에 놀라 안절부절못했습니다.

'내가 실수했어. 남편의 성격을 잘 알면서 왜 그런 말을 했을까? 아들이 나 때문에 크게 혼나게 생겼어.'

홍언필은 즉시 아들을 불러 놓고 엄하게 꾸짖었습니다.

"내가 정승의 자리에 있고, 또 네가 판서가 되었으니 조심하고 또 조심해도 부족할 텐데, 그 무슨 어리석은 행동이냐! 네가 초헌을 타고 뽐내고 다니다니 아무래도 이 집안이 망하겠구나! 싹을 보면 그 나무를 알 수 있다. 어서 내 앞에서도 초헌을 타 보아라!"

"용서해 주십시오, 아버님. 제가 잘못했습니다."

그러나 홍언필은 기어이 홍섬이 초헌을 탄 채 집안을 빙빙 돌게 했습니다. 그 뒤로 홍섬은 결코 초헌을 타지 않았다고 합니다.

톡톡, 마음에 담기!

우리 속담에 '바늘 도둑이 소 도둑 된다.'라는
말이 있습니다.
바늘 도둑일 때 엄하게 가르쳐서 도둑질에서
손을 떼게 해야 합니다.
한 가지 잘못은 대수롭지 않게 넘어가는 경우가
많지만 그렇게 되면 점점 더 나쁜 생각이나
습관을 갖게 됩니다.
그러므로 늘 자기를 반성하고 조심하면서
살펴보는 일이 필요합니다.
나중에 돌이킬 수 없는 실패를 가져오기 전에,
잘못된 것을 바로잡고 고쳐야 합니다.
거대한 댐이 무너지는 것도 작은 구멍에서
시작된다는 것을 잊지 마십시오.

28

인색한 부자는 자신이
재산을 소유하는 것이 아니라,
재산이 그를 소유한다

○●
비온: 그리스의 시인

어느 마을에 사냥을 몹시 좋아하는 부자 구두쇠가 있었습니다. 사냥은 돈 안 들고 빈손으로 가서 뭐든지 닥치는 대로 수입을 잡고 오는 구두쇠다운 그의 취미 생활이었습니다.

"날씨가 화창한데 뭘 하고 있느냐? 빨리 가야 많이 잡지 않겠느냐, 엉?"

머슴은 주인의 말이 떨어지자 곧 광에 들어가서 사냥 도구를 챙긴 다음, 부엌으로 들어갔습니다.

"이 느려터진 놈아, 뭘 그렇게 꾸물거려? 해 다 지

겠다."

"산에서 먹을 주먹밥을 좀 싸느라고요."

머슴은 바쁘게 밥을 뭉치며 말했습니다. 자린고비 부자는 갑자기 머슴이 먹을 밥이 아깝게 생각되었습니다. 그래서 우격다짐으로 머슴의 상투를 잡아끌었습니다.

"그냥 가자, 그냥 가! 밥은 이따 돌아와 먹으면 되잖아? 빨리 가자!"

머슴은 도시락도 챙기지 못한 채 부자의 뒤를 따라

나서야 했습니다.

 부자와 머슴은 잠시도 쉬지 않고 사냥감을 찾아 뛰어다녔지만 잡은 것이라고 겨우 꿩 한 마리뿐이었습니다. 두 사람의 뱃속에서 꼬르륵 소리가 번갈아 들렸습니다.

 "안 되겠다. 꿩을 구워 먹고 내려가자."

 "어르신, 좋은 생각이십니다요."

 신이 난 머슴은 부지런히 불을 피워서 꿩을 구웠습니다. 꿩이 익는 구수한 냄새가 온 숲 안에 퍼져 나갔습니다. 부자의 마음속에 또 욕심이 생겼습니다.

 '이놈만 없으면 나 혼자 통째 다 먹을 텐데…. 방법이 없을까?'

 궁리 끝에 부자의 머릿속에 드디어 번쩍, 한 가지 꾀가 떠올랐습니다.

 "얘야, 이런 멋진 곳에서 꾸역꾸역 먹기만 한다면 짐승과 다를 바 없지 않겠느냐? 그러니 운치 있는 시 한 편씩 지은 후에 먹기로 하자."

"에이, 꿩도 다 구워졌는데 먹고 나서 짓는 게 어떨는지요?"

부자는 머슴의 어깨를 툭툭 치며 말했습니다.

"허허, 머슴이라고 시를 모른대서야 되겠느냐? 마음에서 일어나는 흥취를 표현하면 되는 게지. 쉬운 운자로 줄 테니 지어 봐라. 꿩이 크지도 않으니 먼저 지은 사람이 다 먹기로 하자. 끝말에 '까' 자를 넣어 지어 봐라. 반드시 석 줄로 지어야 하느니라."

말을 마친 후, 부자는 시상을 잡으려고 살포시 눈을 감았습니다. 머슴은 한 번도 시를 지어 본 일이 없으니 자기가 이길 건 뻔했으니까요. 부자의 입가에 보일 듯 말 듯 미소가 떠올랐습니다.

그 때 힘찬 머슴의 목소리가 들려 왔습니다.

"다 구워졌을까? 맛있을까? 어디 한 번 먹어 볼까?"

부자가 놀라 번쩍 눈을 떴습니다. 행동이 잽싼 머

슴의 입 안으로 알맞게 구워진 꿩 다리 하나가 쑤욱 들어가고 있었습니다.

"이 날강도 같은 놈아, 무슨 짓이냐?"

"주인님, 왜요?"

머슴이 모르겠다는 듯 멀뚱해진 눈으로 부자를 바라보았습니다.

"시도 안 짓고 꿩고기부터 먹냐고…? 엉?"

머슴은 입 안에 든 꿩고기를 씹으며 주인에게 말했습니다.

"에이, 주인님도. 다 지었잖아요! 보세요, 다 구워졌을 '까'? 맛이 있을 '까'? 어디 한 번 먹어 볼 '까'? '까'가 세 번 들어갔지요? 그러니 먹을 수밖에요."

부자는 기가 막혔습니다. 그러나 머슴의 말에 틀린 데가 있어야 따지지요. 말은 못하고 분해서 씩씩거리고 앉아 있는 부자에게 머슴은 살이 많은 한쪽 다리를 건네주었습니다.

"드세요. 배고프실 텐데…."

부자가 계속 고개를 젓자, 머슴은 손에 쥐어주며 말했습니다.

"주인님, 짐승이라면 혼자 다 먹을 수도 있겠지만 사람으로서 어찌 그럴 수 있습니까? 어서 드시지요."

머슴의 말에 부자의 얼굴이 발갛게 달아올랐습니다.

'쥐구멍에라도 들어가고 싶구나. 머슴보다도 못한 사람이니….'

고기를 먹으면서도 부자는 쉽게 얼굴을 들 수가 없었습니다.

톡톡, 마음에 담기!

재산이 아무리 많아도 그 재산을 올바로 사용하지 못하고 인색한 구두쇠처럼 행동한다면 재산 있는 것이 아무 소용이 없습니다.

남에게 구걸하여 하루하루를 살아 나가는 거지와 다를 바 없는 것입니다.

재물은 남을 위해 사용될 때 그 가치를 갖게 됩니다.

사람은 재물을 관리하고 잘 사용해야 합니다.

재물의 노예가 된다면 얼마나 의미 없는 일이겠습니까. 죽을 때 가져갈 수도 없는 재물을 쌓느라 고생한다면 불쌍하기 짝이 없습니다.

먼저 재물을 다스릴 수 있는 인격을 갖추고 나서야 바르게 재물을 사용할 수 있을 것입니다.

29
인간의 진정한 재산은 그가 이 세상에서 행하는 선행이다

마호메트(Mahomet, 570?~632) : 이슬람교의 창시자

치열한 전투를 치르고 난 뒤였습니다.

"아, 목이 탄다. 물! 물 좀…!"

한 병사가 총탄에 맞아 피를 많이 흘리고 애타게 물을 찾았습니다. 전투가 너무 오래 계속되는 바람에 이미 모든 병사들의 물통은 텅 비어 있었습니다.

그때 소대장이 병사에게 다가와 자기 물통을 내밀었습니다.

"아직 조금 남아 있다. 어서 마시거라."

"고, 고맙습니다, 소대장님!"

병사는 허겁지겁 물통을 받아들었습니다.

'이젠 살았구나!'

급하게 물통을 받아든 병사는 막 물을 마시려고 하는 순간, 소대원 모두가 자기가 든 물통을 뚫어지게 바라보고 있음을 알았습니다. 모두들 목이 말랐기 때문이었습니다.

그것을 본 병사는 물을 꿀꺽꿀꺽 몇 모금 마신 후에 물통을 소대장에게 넘겼습니다.

"그래, 고맙다."

소대장은 조금도 주저하지 않고 그 물통을 받아 몇 모금을 마시고 물통을 상사에게 넘겼습니다.

"고맙습니다."

상사도 물을 꿀꺽꿀꺽 마신 후 위계질서에 따라 다른 병사에게 물통을 넘겼습니다.

"잘 마시겠습니다."

그렇게 하여 소대원이 차례차례 모두 다 물을 마실 수 있었습니다.

물통은 마지막으로 가장 나이 어린 신병에게 넘겨졌습니다.

"네, 감사합니다."

물통을 받아든 신병은 깜짝 놀랐습니다. 물통 속에 찰랑찰랑한 물의 무게가 느껴졌기 때문이었습니다.

'물이 남아 있어도 겨우 한두 방울일 줄 알았는데…. 아니, 어떻게 아직까지 물이 이렇게 남아 있을 수가 있지? 모두 다 꿀꺽꿀꺽 마시는 소리를 분명히 들었는데….'

신병의 머릿속에 불쑥 한 생각이 떠올랐습니다.

'아…, 그랬었구나!'

그렇습니다. 모두들 다음 사람을 생각하고 물을 마

시는 시늉만 했던 것입니다. 그래서 소대원 전체가 모두 물을 마셨는데도 물은 조금도 줄지 않았습니다.

'나도 마실 수 없어. 흉내만 내야지.'

신병도 다른 상급자들처럼 소리 내어 물을 마셨습니다. 그리고 물통을 들고 부상당한 병사에게로 다가갔습니다.

"조금만 더 드십시오. 소대원이 다 마셨는데도 물이 남았습니다."

그러자 소대장이 병사에게 말했습니다.

"어서 마시게. 피를 많이 흘렸으니 탈수가 되지 않으려면 물이 더 필요해."

"고, 고맙습니다, 소대장님."

병사의 눈에 눈물이 괴었습니다.

소대원들의 사랑이 담긴 물통을 기울여 병사는 사랑의 물을 마셨습니다. 그 광경을 지켜보는 소대원들은 어느 새 모두 타는 듯했던 목마름을 잊어버렸습니다.

톡톡, 마음에 담기!

나보다 먼저 남을 생각하고 배려하는 마음은 쉬운 것이 아닙니다. 더구나 생명이 위태로운 환경 속에서 남을 위해 나를 희생하는 일은 어렵습니다. 그래서 더욱 고귀한 것입니다. 옳은 일을 위해서는 자기의 목숨을 버리는 의인을 우리는 우러러봅니다. 누구의 삶이나 한 번뿐이고 삶을 이어 나가고 싶은 것이 인간의 본능이기 때문이지요. 그러나 우리도 교육을 통해 배우고 마음을 닦아 나가면 이웃을 위해 봉사도 하고 헌신도 할 수 있는 인격을 갖출 수 있게 됩니다.

30
희망은 강한 용기이고
새로운 의지다

마르틴 루터(Martin Luther, 1483~1546) : 독일 종교개혁의 지도적 신학자

 말을 몹시 좋아하는 한 소년이 있었습니다. 소년의 아버지가 말 조련사였기 때문에 소년은 늘 가까이에서 말을 볼 수 있었습니다. 말들이 벌판에서 갈기를 멋지게 날리면서 달리는 모습을 보는 것은 소년의 큰 즐거움 중의 하나였습니다. 그러나 소년의 가정형편은 넉넉하지 못했습니다. 아버지의 수입이 별로 많지 않았기 때문이었습니다.

 어느 날 학교에서 선생님은 아이들에게 숙제 하나를 내주었습니다.

"아마도 꿈이 없는 사람은 없을 것이다. 오늘은 집에 가서 너희들의 꿈을 설계해 보도록 해라."

소년도 집에 돌아와서 숙제를 하기 위해 책상에 앉았습니다. 평소에 소년은 이다음에 자라서 거대한 목장의 주인이 되리라는 꿈을 꾸었습니다. 소년의 머릿속으로 조련장에서 일하는 아버지의 모습이 언제나 가장 먼저 떠올랐습니다.

'아버지가 마음껏 말을 훈련시킬 수 있는 넓은 땅을 사야지. 100만 평에 달하는…. 그러니까 내 꿈

은….'

꿈을 생각하는 것만으로도 소년은 기분이 좋아져서 두 볼이 발그랗게 물들었습니다.

소년은 깨알 같은 글씨로 몇 장의 종이에 꿈을 써 나갔습니다. 그 꿈을 이루기 위한 구체적인 계획과 일정도 하나하나 적어서 다음날 선생님에게 제출하였습니다. 그러나 소년의 글을 읽어본 선생님은 다짜고짜 소년을 나무라기 시작했습니다.

'네가 이룰 수 있는 일을 적어야지. 이렇게 터무니없는 걸 꿈이라고 써 오다니…! 정말 어이가 없구나.'

소년은 선생님이 왜 그렇게 화를 내는지 이해할 수 없었습니다.

"선생님, 왜 제 꿈을 이룰 수 없을 거라고 생각하세요?"

선생님은 소년의 숙제에 빨간 색연필로 커다랗게 가위표를 치며 말했습니다.

"네 집안 형편도 생각을 해야지. 지금 그렇게 가난한데 어떻게 100만 평의 땅을 살 수 있겠어? 땅을 100만 평이나 사려면 엄청난 돈이 있어야 하잖아? 그 돈을 어느 세월에 마련한단 말이냐? 이건 불가능하잖아. 좀 더 실현이 가능한 계획표를 작성해 오너라. 그러면 다시 점수를 주겠다."

하지만 소년은 고개를 저으며 힘차게 말하는 것이었습니다.

"그냥 가위표를 주세요, 선생님. 저는 점수와 제 꿈을 바꾸지 않겠습니다."

"빵점을 맞아도 좋단 말이냐?"

"네. 제 꿈을 이룰 수 없다고는 생각 안하거든요. 꿈이 분명해야 힘차게 나아갈 수 있고요."

그로부터 30년이 흘렀습니다. 소년은 열심히 공부하고 일해서 정말 그의 꿈대로 100만 평의 목장 주인이 되어 있었습니다.

어느 날 한 늙은 노인이 목장을 찾아왔습니다. 그

리고 잘 가꾸어진 100만 평에 달하는 엄청난 목장을 보고 감탄을 그치지 못했습니다.

"정말 대단하구나! 대단한 목장이야!"

그리고 노인은 목장 주인의 손을 덥석 잡으며 이렇게 말하는 것이었습니다.

"이보게! 나를 기억하겠나? 30년 전 자네의 100만 평 꿈에 가위표를 했던 선생이라네. 정말 뉘우쳐지네. 얼마나 많은 아이들의 꿈에 가위표를 해 꿈을 꺾어버렸는지 몰라! 아, 그런데 자네만이 내게 꿈을 도둑맞지 않고 이렇게 멋지게 이루었구먼!"

노인의 눈에서는 한 줄기 뉘우치는 눈물이 조용히 흘러내리고 있었습니다.

톡톡, 마음에 담기!

1944년 유태인 수용소에 아들과 함께 수용된 한
아버지가 있었습니다. 어느 날 아버지는 진흙 주발에
버터를 녹여서 심지를 적시고 촛불을 대신해 불을
켰습니다. 아들이 답답해하며 아버지에게 물었습니다.
"이 귀한 버터를 왜 먹지 않고 낭비하는 데 쓰세요?"
아버지는 아들을 가만히 보더니 말했습니다.
"사람은 밥을 먹지 않고도 3주간을 살 수가 있어.
그러나 희망이 없이는 한순간도 살 수가 없단다."
아무리 힘들고 어려운 상황일지라도
희망을 잃으면 안 됩니다.
희망을 잃으면 모든 것을 잃게 되기 때문이지요.
희망은 용기를 낳고 기쁨을 낳고 에너지를 낳습니다.
희망은 성공에 가장 가까운 친구라는 것을
기억하시기 바랍니다.

31

인내는 쓰다. 그러나 그 열매는 달다

○ ●
루소(Jean-Jacques Rousseau, 1712~1778) : 프랑스의 사상가 · 소설가

 남편을 일찍 여의고 홀몸으로 어린 아이들을 키워야 했던 어머니가 있었습니다. 새벽부터 밤늦게까지 날마다 허리가 휘도록 삯일을 했지만 끼니를 잇기도 어려웠습니다.

 "쌀밥이 먹고 싶어요, 어머니."

 "나물죽은 더 이상 못 먹겠어요. 먹어도 힘도 안 난단 말이에요."

 힘없는 눈으로 투정하는 어린 자식들을 볼 때마다 어머니는 마음속으로 피눈물을 흘렸습니다. 그러나

마음을 강하게 먹고 눈물을 보이지 않으며 아이들을 달랬습니다.

"우리 조금만 참자꾸나. 죽도 못 먹는 집도 있단다. 감사하게 먹고 열심히 공부하면 꼭 좋은 날이 온단다."

"네, 어머니."

아이들은 어머니의 말에 늘 순종하면서 열심히 공부했습니다.

하루는 삯바느질을 마친 어머니가 저녁을 짓기 위

해 마당에서 방아를 찧고 있었습니다. 그런데 낮부터 한 방울씩 떨어지던 빗방울이 갑자기 굵은 소나기로 변해 좍좍 쏟아지는 것이었습니다.

"아직 지붕을 새로 씌우지 못했는데 큰일났네. 빨리 그쳐야 할 텐데…."

어머니는 빗줄기에서 눈을 떼지 못하며 계속 방아를 찧었습니다. 그런데 빗소리 속에서 어머니의 귀를 잡아당기는 소리가 있었습니다.

똑…, 또도독 똑…, 똑….

처마에서 낙숫물 떨어지는 소리였습니다. 처음에는 익숙한 낙숫물 떨어지는 소리였는데 한참 후부터는 둔탁한 쇳소리처럼 들리는 것이었습니다.

둑…, 두두둑 둑…, 둑….

어머니는 방아 찧는 손을 멈추고 귀를 기울였습니다. 소리는 툇마루 근처에서 나고 있었습니다.

'지붕 한 귀퉁이가 무너지려고 그러는 건 아닐까?'

어머니는 종종걸음으로 소리 나는 곳을 찾았습니

다. 웅크리고 앉아서 자세히 들여다보니 처마 밑 낙숫물이 지는 곳의 땅이 움푹 패어 있었습니다. 그리고 팬 땅 속에서 무슨 뚜껑 같은 것이 어렴풋이 보였습니다.

'대체 무얼까?'

살살 호미로 파 보니 쇠로 만든 작은 항아리 하나가 묻혀 있는 것이 보였습니다. 힘들게 파낸 후 항아리의 뚜껑을 열어 본 어머니는 기절할 만큼 놀랐습니다.

"아니, 이건…!"

항아리 속에는 누런 금덩이들이 가득 들어 있었습니다. 순간 어머니는 너무나 기뻤습니다.

'죽도록 고생하며 사는 날 불쌍히 여기셨구나. 이제 고생은 끝났어! 애들에게도 맛있는 것을 실컷 먹여줄 수 있겠다.'

그러나 잠시 후 평온을 찾은 어머니는 조용히 머리를 저었습니다.

'아니야. 고생하던 아이들이 갑자기 이 황금을 보면 무슨 생각부터 할까? 마음껏 먹고 놀고 싶을 거야. 지긋지긋했던 가난과 수모에서 벗어나기 위해 밤낮없이 공부하던 아이들의 마음이 달라질 게 뻔해. 그럼 안 되지.'

깊이 생각하던 어머니는 팠던 자리를 더 깊숙이 판 후, 다시 항아리를 묻고 말았습니다.

'이 금덩이들은 아이들의 배는 채워줄지 몰라도 공부하려는 의욕은 꺾을 것이 틀림없다. 스스로 공부해서 집안을 다시 일으킬 때까지 절대 비밀에 부쳐야 한다. 돈은 좋은 것이지만 잘못 쓰면 사람을 망치는 몹쓸 것이 되고 만다.'

어머니의 생각은 옳았습니다. 고생하는 어머니에게 효도하려는 일념으로 아이들은 나쁜 길로 빠져들지 않았습니다. 그리고 열심히 공부하여 두 아들은 다 과거에 합격했습니다.

둘째 아들이 과거에 합격하자, 어머니는 아버지의 제삿날, 두 아들에게 금 항아리를 발견했던 일을 들려주었습니다.

"나도 사람인데 왜 마음이 흔들리지 않았겠느냐? 그러나 이렇게 훌륭하게 벼슬길에 오른 너희를 보니 내가 옳았던 것 같구나. 너희들의 생각은 어떠냐?"

두 아들은 입을 모아 말했습니다.

"네, 어머니의 판단이 옳으셨습니다."

어머니의 입가에 가난에 지지 않고 긍지를 지켜 온 데 대한 흐뭇한 미소가 피어올랐습니다.

톡톡, 마음에 담기!

가난한 집안에 돈이 생긴다면 참 좋은 일일 것입니다.
그러나 어려운 형편을 이겨내려고 열심히 노력하는
사람에게 돈이 생긴다면 목적을 잃어버려 좋지 않은
방향으로 나갈 수도 있습니다.
길게 볼 때 어떤 것이 더 유익할 것인지 생각해보는
지혜가 필요합니다.
평탄한 환경 속에서의 각오와 어려운 환경 속에서의
각오가 같을 수는 없습니다.
잠시 동안 고생을 더 하게 하면서 공부에 온힘을 쏟아
성공을 이룬 어머니의 현명한 판단을 본받아야겠습니다.

32

우리의 인내가 우리의 힘보다 더 많은 것을 성취할 것이다

○●
버크(Kenneth Duva Burke, 1897~1993) : 미국의 비평가·사상가

옛날 어느 마을에 김씨 성을 가진 농사꾼이 살았습니다. 이른 새벽부터 밤 늦게까지 허리 한 번 제대로 펴보지 못하고 노력했지만 가난을 벗어나지 못했습니다.

'후유…, 이렇게 살 바엔 차라리 죽는 게 낫겠다.'

김씨는 마을의 연못에 뛰어들어 죽기로 마음먹었습니다. 김씨가 막 연못에 뛰어들려는 순간, 갑자기 백발노인이 나타나 말했습니다.

"허, 성미가 급하기도 하구나. 조금만 참으면 큰

복을 받아 잘살 수 있을 텐데…."
깜짝 놀란 김씨가 물었습니다.
"할아버지는 누구세요?"
"이 연못을 지키는 신령이다. 조금 더 참고 살도록 해라."
"후유, 저는 더 이상 살고 싶지 않아요. 너무나 지쳤습니다."
"더도 말고 딱 3년만 참아 봐라."
"3년요? 그 정도면 한번 참아볼 만하지요."
"그 동안 다투지 말고 이 세상에서 마지막 짓는 농사라고 생각하고 정성껏 지어라."

김씨는 살기로 하고 발길을 돌려 집으로 돌아왔습니다. 그리고 신령의 말에 용기를 얻은 김씨는 3년 동안 부지런히 농사를 짓고 어려운 사람도 도와주며 살았습니다.

어느덧 3년이 흘렀습니다. 그런데도 김씨의 살림은 전혀 나아지지 않았습니다.

'이게 뭐야? 달라진 게 하나도 없잖아? 아직도 지지리 궁상맞은 생활이고…. 3년 동안 죽어라 일만 한 게 원통해 죽겠네. 연못에 가서 신령님께 따져 봐야겠다.'

김씨가 화난 목소리로 신령을 부르자, 연못물이 회오리치며 신령이 나타났습니다.

"신령님, 신령님 때문에 쓸데없는 고생만 잔뜩 했습니다. 왜 3년 전에 죽게 놔두지 않으셨습니까?"

"그러지 말고 3년만 더 참아보지 그러느냐?"

"네? 싫습니다! 3년 속은 것도 기가 막힌데, 6년씩이나 속으라고요?"

"맘만 먹으면 언제든지 죽을 수 있는데 뭘 그러나? 이미 3년을 참지 않았느냐?"

"그건 그렇지만…. 그럼 신령님을 믿고 3년만 더 참아 볼까요?"

김씨는 더욱 열심히 일하며 3년을 보냈습니다. 하지만 3년이 다 지나가도록 가난한 살림은 똑같았습니다.

'이런! 아무런 효과도 없잖아? 또 헛일만 했구나. 이번엔 꼭 죽어야겠다.'

김씨는 연못으로 달려갔습니다. 그냥 뛰어들 생각이었는데 신령이 나타나 말했습니다.

"어허, 기어이 죽으려느냐?"

신령은 혀를 끌끌 차며 말했습니다.

"아무 말도 하고 싶지 않습니다."

"마지막으로 3년만 더 꾹 참고 열심히 살아 보아라. 좋은 날이 꼭 있을 게야."

"또 3년을요? 진작 죽었으면 편안할 저를, 이렇게 고생시키는 이유가 뭡니까?"

"이미 6년을 살았는데 그깟 3년쯤이야 더 못 살겠느냐? 3년만 꾹 참고 버티도록 해라."

"그럼 이번이 진짜 마지막입니다."

김씨는 다시 집으로 돌아왔습니다. 전보다 갑절이나 더 열심히 일하고 이웃과도 다정하게 지냈습니다.

약속한 3년이 후딱 지나갔지만 김씨의 생활은 달라진 것이 없었습니다.

'또 속았잖아? 신령님 말을 들은 내가 바보지.'

화가 난 김씨는 신령이고 뭐고 만날 필요도 없이 꼭 죽어 버리겠다며 연못으로 뛰어갔습니다. 김씨가 휙 연못에 뛰어들려고 하는데 신령이 다시 나타났습니다.

"이제 상관 마세요! 아무 말도 안 듣겠습니다."

"잠깐만 있다가 죽게나. 얘기 좀 함세. 지난 9년 동안 자네 생활에서 변한 게 없던가?"

"가난하기는 마찬가지지만, 부지런하고 인정 많다고 해서 마을 사람들이 믿고 따르지요."

"바로 그거라네! 부자가 되기 전에 먼저 사람이 제대로 되어야 하네. 자네는 이제 돈말고는 다 갖추었어. 그 동안 잘 참았네."

"그럼 저는 이제 복을 받게 됩니까?"

"이제 딱 1년 남았으니 그 1년만 참고 견디면 잘살

게 될 거야."

집에 돌아온 항상 친절하게 이웃 사람들을 대하고 더욱 부지런히 농사를 지었습니다. 그러는 동안 김씨는 하는 일마다 성공하여 김씨는 큰 부자가 되었습니다. 김씨는 고생하며 어렵게 사는 사람들에게 자기의 고생담을 들려주며 용기를 북돋아 주었습니다.

톡톡, 마음에 담기!

어려운 환경을 참아 낸다는 것은 참으로 힘든 일입니다.
고생이 심할 때는 살고 싶은 생각이 없어질 수도
있습니다. 그러나 마음먹기에 따라서 아주 좋은
인생의 훈련장이 될 수 도 있다는 것을 알아야 합니다.
용감한 군인들이나 올림픽에서 메달을 따는 선수들
모두 힘든 훈련과정을 거쳐 온 사람들입니다.
어렵고 힘든 일을 잘 참아내는 과정에서 인내와
성실을 배우게 됩니다.
인내와 성실은 결코 돈으로 살 수 없는
아름다운 덕목입니다.
공부 역시 인내하고 성실해야 잘할 수 있습니다.
미래를 바라보며 오늘 하루도 성실하게 살아야겠습니다.

33
훌륭한 충고보다
값진 선물은 없다

에라스무스(Desiderius Erasmus 1466~1536) : 네덜란드의 인문학자

어느 나라에 아름답기로 유명한 왕비가 있었습니다. 그런데 마음씨는 얼굴만큼 예쁘지가 못하여 콧대가 아주 높았습니다. 왕은 왕비를 너무나 아끼고 사랑하였습니다.

"왕비를 위해 아름다운 섬을 선물로 주겠소. 당신의 아름다움을 더욱 빛내줄 만한 멋진 섬이라오."

"네, 당장 가서 좀 쉬다 오겠어요."

그러나 그 섬을 방문할 때마다 왕비는 섬에 사는 주민들을 못살게 괴롭혔습니다.

"고약한 왕비님 때문에 더 이상 살 수가 없어요."
"마침 우리도 섬을 떠날 생각인데 함께 갑시다. 어디에 간들 이보다 못하겠어요?"

섬의 주민들은 심술궂은 왕비에게 시달리다 못해 하나둘 섬에서 떠날 궁리만 하였습니다. 얼마 안 가서 이 소문은 온 나라 안에 퍼지게 되었습니다.

'음, 이대로 두었다가는 섬에 주민들이 하나도 남지 않게 될 게다. 주민들이 무슨 죄가 있단 말인가? 그냥 있을 수가 없구나.'

충성스러운 한 신하가 왕 앞에 나아가 용감하게 말했습니다.

"임금님, 지금 나라 안에 좋지 않은 소문이 떠돌고 있습니다. 알고 계시옵니까?"

"무슨 소문인가?"

"왕비마마에 대해서입니다."

"뭐라고?"

왕의 눈꼬리가 위로 올라갔습니다. 사랑스러운 왕비에 대해 좋지 않은 소문이 났다는 것이 기분 나빴기 때문입니다.

"왕비께서 섬의 주민들을 괴롭히신다고 합니다. 국모께서 자식 같은 백성들을 못살게 굴면 되겠습니까? 부디 이를 바로잡아 주민들이 편히 살게 해 주시옵소서."

신하가 왕비의 잘못을 많은 사람들 앞에서 꾸짖자 왕은 몹시 당황했습니다. 감히 누가 왕과 왕비의 허물을 들춰 꾸짖는단 말입니까? 왕의 얼굴에 노여운 빛이 어리더니 큰 호통소리가 터져 나왔습니다.

"네 이놈! 감히 네가 왕비를 나무라느냐? 왕비를 나무라는 것은 곧 나를 나무라는 것이 아니겠느냐? 어찌 그리 무엄한고!"

무서운 왕의 말투에도 신하는 당당한 태도로 아뢰었습니다.

"저는 폐하께 충성을 바치고 있습니다. 제 진실한 마음을 알아주십시오."

그러나 왕은 계속 버럭 소리를 냈습니다.

"죽고 싶지 않다면 당장 물러가거라! 다시는 내 앞에 나타나지 말아라!"

그래도 신하는 계속 아뢰었습니다.

"폐하, 백성을 먼저 생각하는 임금님이 되셔야 합니다. 백성을 어려움에 처하게 하면 안 됩니다. 억울한 섬 주민들의 호소에 귀를 기울여 주소서! 지금 당장 벼슬에서 쫓아낸다고 해도 저는 기쁜 마음으로 따르겠습니다."

"알겠다. 당장 그렇게 해 주마!"

왕은 곁에 있던 신하에게 받아쓰라고 명하고 다음과 같이 크게 명령했습니다.

"저 충직한 신하를 영의정에 임명하겠노라!"

"네?"

왕의 말을 받아쓰던 신하가 깜짝 놀라 왕을 쳐다보았습니다.

놀란 것은 정직한 신하 역시 마찬가지였습니다. 당장 내쫓기거나 큰 벌을 받을 것으로 짐작했는데, 오히려 최고의 벼슬자리로 승진을 시켰으니까요.

"그대 같은 신하가 내게는 꼭 필요하다. 신하 된 입장에서 바른말을 하기는 참으로 어려운 법이다. 그대의 충성스러운 의견을 받아들여 잘못된 점은 바로 고치도록 하겠노라."

임금의 입가에 흐뭇한 미소가 떠올랐습니다.

톡톡, 마음에 담기!

자기에게 충고를 해 줄 사람이 있는 사람은 행복합니다.
잘못된 것을 알면서도 덮어두는 것은 진심으로 위하는
태도가 아닙니다.
작은 잘못 하나가 사람을 망치는 예는 많이 있습니다.
잘못을 솔직하게 짚어주고 고치도록 해야 합니다.
사람들은 충고를 들으면 그 자리에서는
기분이 별로 좋지 않습니다. 그러나 기분 좋은 말만
골라서 하는 사람들보다 단점을 지적해 주는 일이 훨씬
더 어렵다는 것을 알아야 합니다.
참된 우정으로 충고를 해 주고, 또 오해하지 않고
진실한 마음으로 충고를 받아들이는 태도를
길러야겠습니다.

34
정직은 가장 확실한 자본이다

에머슨(Ralph Waldo Emerson, 1803~1882) : 미국의 사상가 · 시인

영국인인 잭슨과 루이스는 제2차세계대전이 끝나자 함께 장사를 시작했습니다. 그런데 생각 밖으로 이익이 너무 적게 남았습니다.

"이렇게밖에 안 남아서야 언제 부자가 되겠어?"

"겨우 입에 풀칠하기 바쁜데…."

두 사람은 긴 한숨을 내쉬었습니다.

"빠른 시간 안에 큰돈을 벌 방법이 없을까?"

"글쎄…."

머리를 맞대고 생각하던 두 사람은 드디어 좋은 방

법을 찾아냈습니다.

두 사람은 물건을 속여서 팔기로 했습니다.

"구리 팔찌를 황금팔찌라고 속이자."

"좋아. 백동 촛대도 은이라고 속이고…."

속임수를 부려 장사를 하자 처음 얼마 동안은 이익이 많이 남았습니다.

"와, 이러다가 곧 부자가 되겠는걸?"

그러나 얼마 가지 않아 손님들이 다 떨어져 나가 버렸습니다. 그리고 시장 안에 잭슨과 루이스가 사기

꾼이라는 소문이 났습니다. 더 이상 장사를 계속할 수가 없었습니다.

"이보게, 이제 아무도 우리를 안 믿게 되었네. 앞으로 어떻게 하지?"

잭슨이 앞으로의 일을 걱정하자 고개를 숙이고 생각에 잠겨 있던 루이스가 이렇게 말했습니다.

"이제 각자 다른 곳으로 옮겨서 장사를 하세. 사람을 속이는 짓은 그만하고 우선 정직하게 하세. 손님들이 우리를 완벽하게 믿어줄 때까지만 말일세. 한 10년쯤이면 될까. 사람들이 우리를 완전히 믿을 때쯤 크게 한 건 해보자구."

"좋아. 그렇게 하세."

두 사람은 그 길로 헤어져서 각자 정직하게 장사를 하기 시작했습니다. 한 1년쯤 지난 어느 날 잭슨이 루이스를 찾아왔습니다.

"자네, 장사는 잘 되는가? 난 아직도 의심하는 사람이 많아서 망하기 직전이라네."

"나도 마찬가지야, 잭슨. 그러나 다른 방법이 없지 않은가? 배운 것이 장사밖에 없으니 말일세. 우리가 멋지게 한탕하기 위해 약속한 날까지 꾹 참고 정직하게 장사를 해보자구. 응? 힘을 내게."

루이스의 격려에 힘을 얻은 잭슨은 집으로 돌아가서 성실하게 장사를 했습니다.

세월이 흘러서 마침내 약속한 10년째 되는 날, 두 사람은 다시 만났습니다.

"루이스, 이제 사람들은 아무 의심없이 날 믿어주네. 사는 것이 아주 즐겁다네."

"그래? 그거 잘 됐군. 나 역시 장사가 아주 잘된다네. 믿고 찾아주는 손님들이 많으니까 나도 더 좋은 물건으로 보답하고 싶은 마음이 크다네."

그들은 한동안 서로 머뭇거리다가 잭슨이 먼저 말을 꺼냈습니다.

"오늘은 우리가 한 건 크게 하자고 약속한 날이지."

"응, 그렇지."

"그런데 솔직히 고백하자면 난 다시는 사람들을 속이고 싶지 않네. 정직하게 살고 싶네."

"나도 그렇다네. 남을 속이지 않으니 장사가 속임수를 쓸 때보다 더 잘 돼. 그걸 자네에게 말하려고 나왔다네."

두 사람은 손을 마주 잡고 너털웃음을 크게 터뜨렸습니다.

"이렇게 우리 두 사람의 마음이 똑같다니! 친한 친구는 친구인가 보네. 하하하."

톡톡, 마음에 담기!

정직한 것보다 더 큰 재산은 없습니다.
눈앞의 이익만을 생각해서 정직하면 손해를 본다고
생각하는 사람들도 있습니다.
그러나 길게 볼 때 정직이 주는 유익은 비교할 수
없습니다.
신뢰가 쌓이면 그 무엇으로 광고한 것보다도
더 큰 효과를 가져다줍니다.
광고 중에서도 가장 큰 광고가 '입소문'이라고 합니다.
입소문이라는 것은 직접 경험하고 나서 자기가
그 제품을 보장할 수 있을 정도가 되어야 할 수 있는
것입니다. 개인과 사회의 정직이 입소문이 날 정도인
우리나라가 되도록 노력해야겠습니다.

35
우리의 인생은 우리가 노력한 만큼 가치가 있다

○●
모리악(Francois Mauriac, 1885~1970) : 프랑스의 소설가

 미국 뉴욕시에 있는 한 백화점에서 사원 모집 광고를 냈습니다. 당시는 일자리가 귀하던 때여서 젊은 청년들이 엄청나게 모여들었습니다. 1차, 2차 시험을 거쳐 최종 합격된 청년들이 사장실에 모였습니다.
 "축하합니다, 여러분. 앞으로 백화점에서 하고 싶은 일과 부서를 적어 내도록 하십시오."
 사장이 청년들에게 말했습니다.
 '아, 희망하는 부서가 있으면 보내주는 모양이구나.'

　모두들 한결같이 앞으로의 전망이 좋고 편한 부서를 원했습니다.
　그러나 유독 한 청년만은 달랐습니다.
　'엘리베이터 안내 업무를 맡겨 주십시오.'
　이렇게 적혀 있었기 때문입니다. 엘리베이터 업무는 몸이 피곤하고 또 단순 노동이라서 발전할 전망도 없었습니다.
　'호, 왜 이런 업무를 지원했지? 어려운 시험을 치르고 합격한 사원이…'

 이상하게 생각한 사장은 직접 그 청년을 불러서 물어보았습니다.

 "왜 하필 그렇게 힘든 일을 맡으려고 합니까?"

 "별다른 이유는 없습니다. 꼭 그 일을 해보고 싶습니다."

 사장은 의아해하면서도 청년의 부탁을 들어주었습니다.

 1년 후 청년은 매우 성실하여 많은 사람들로부터 칭찬을 들었습니다. 이것을 기특하게 생각한 사장이 어느 날 청년을 불렀습니다.

"이제 그만하면 되었네. 다른 좋은 자리를 줄 테니 한번 열심히 일해 보게."

그러나 청년은 고개를 저으며 말했습니다.

"아닙니다, 사장님. 3년간만 그 일을 계속하게 해 주십시오."

"대체 왜 그러나? 특별한 이유라도 있나?"

"네, 나중에 말씀드리겠습니다."

"좋아, 그럼 그렇게 하게나."

청년은 사장의 배려 속에 다시 엘리베이터 안내 업무를 맡게 되었습니다.

3년의 세월이 흐른 어느 날 청년이 사장을 찾아왔습니다.

"무슨 일인가?"

"네, 이 서류를 드리려고 찾아뵈었습니다."

당당한 모습의 청년은 사장의 책상 위에 두꺼운 서류 뭉치를 내놓았습니다.

"이 서류철 안에는 이 백화점에 오는 고객들의 성

향에 관한 자세한 통계가 들어 있습니다. 백화점을 이용하는 고객들의 연령별 여러 가지 유형과 어떤 사람들이 어느 매장으로 가는지, 어떤 성질의 물건을 구입하는지에 관한 것입니다. 3년 동안 고객들 안내를 맡으면서 나름대로 조사한 것이니 한번 봐 주십시오."

"흠, 그래?"

"한 가지 예를 들면, 나이 많으신 분들이 선호하는 제품을 아래층으로 옮긴다면 더욱 이용하는 고객이 늘어날 것으로 생각됩니다. 나이 드신 분들은 고층으로 올라가는 일에 부담을 많이 느끼셨습니다."

사장은 청년의 말을 들으며 서류철을 쭉 한번 훑어보았습니다. 그리고 자리에서 벌떡 일어나더니 악수를 청하며 감격한 듯 말했습니다.

"자네야말로 우리 회사에서 없어서는 안 될 사람일세!"

톡톡, 마음에 담기!

이 청년은 눈앞의 편한 일들을 제쳐놓고
미래를 내다본 것입니다.
길게 내다볼 수 있는 지혜로운 눈이 있어야 합니다.
청년은 백화점이 계속 발전해 나가려면
새로운 마케팅 전략이 필요하다는 생각을 갖고 있었고,
그러기 위해서는 손님들이 좋아하는 것, 싫어하는 것,
바뀌어졌으면 하는 것 등을 현장에서 날마다 들을
필요가 있다고 생각했던 것입니다.
이 청년에게는 백화점에 대한 주인의식에 있었기 때문에,
고되고 별볼일 없는 엘리베이터 업무라도
회사에 유익이 될 수 있는 일이라는 생각에
기쁘게 할 수 있었던 것입니다.
그런 태도야말로 회사에서 기대하던 것이었습니다.

36
가장 지혜로운 자는
허송세월을 가장 슬퍼한다

단테(Alighieri Dante 1265~1321) : 이탈리아 최대의 시인

 벤저민 프랭클린이 서점을 경영하고 있을 때의 일입니다.
 하루는 한 손님이 고른 책을 들고 와서 물었습니다.
 "이 책은 얼마입니까?"
 "네, 1달러입니다"
 프랭클린은 정중하게 대답하였습니다.
 그 손님은 책장의 앞뒤를 들춰보며 시간을 끌더니,
 "에이, 너무나 비싼데요. 가지고 있는 돈이 모자라

니 조금만 더 싸게 안 될까요?"
하고 물어 왔습니다.
프랭클린은 다시 정중히 대답하였습니다.
"네…, 그러면 1달러 15센트만 주십시오."
"…네?"
손님은 귀를 쫑긋 세웠습니다.
'내 말을 잘못 들은 게 분명하군.'
손님은 프랭클린이 잘못 들은 줄 알고 웃으며 말했습니다.

"아니, 깎자는데 더 달라니요? 허허, 물건값이 1달러인데…."

그러자 프랭클린은 분명하게 말했습니다.

"1달러 50센트만 주십시오."

손님의 눈이 화등잔만큼 커졌습니다.

"아니 이보시오, 당신은 깎아달라는 말의 뜻을 모르오? 이건 점점 더 비싸지잖소?"

손님이 화를 내자 프랭클린이 정중한 태도로 말했습니다.

"손님, 시간은 돈보다 더 귀한 것입니다. 그런데 손님께서 제 시간을 그만큼 더 소비시켰으니 책값에 시간비를 더해야 할 게 아니겠습니까?"

톡톡, 마음에 담기!

시간의 소중함을 교훈하고 있는 이야기입니다.
시간은 누구에게나 주어지다 보니 우리는 자칫
그 소중함을 잊고 살 때가 많습니다.
돈을 빌려달라고 하면 고민을 하면서도,
같이 어디 좀 가자고 하면 선뜻 인심 좋게
따라나섭니다. 그러나 돈은 다시 벌 수 있지만
시간은 결코 되돌릴 수 없습니다.
그러므로 정말 소중하게 사용해야 합니다.
시간을 그냥 소비할 것인가,
값지게 이용할 것인가는 자기 자신에게
달려 있습니다.

37
행복할 때 불행에 대비하라

노자(老子 ?~?) : 중국 고대 도가사상의 시조

옛날 중국 제나라에 맹상군이라는 정승이 있었습니다. 그는 재주가 있는 사람들을 아껴서 형편이 어려운 인재들을 집안에 많이 머무르게 하고 있었습니다. 이들을 식객이라고 하는데, 그 식객들 중에 풍훤이라는 남자가 있었습니다. 풍훤의 됨됨이가 남달리 지혜로운 것을 눈여겨본 맹상군은 어느 날 그를 불러서 일을 시켰습니다.

"여보게, 내 영지 사람들에게 가서 빌려 준 돈 좀 받아다 주지 않겠나?"

"네, 알겠습니다."
"여기 각각 적어놓은 빚 문서가 있네."
"그럼 다녀오겠습니다."
풍훤은 맹상군이 주는 빚 문서를 받아들고 영지를 향해 길을 나섰습니다.
맹상군의 영지에 도착한 풍훤은 빚 문서에 기록된 자들을 모두 부른 다음 말했습니다.
"각자 보관해 온 빚 문서를 제게 주십시오. 맞는지 대조해 보겠습니다."

그들이 내놓은 문서와 풍훤이 맹상군에게서 받아 온 빚 문서를 대조해 보니 모두 맞았습니다.

"정확히 맞네요. 그럼…."

모두들 풍훤이 빚을 독촉하러 왔으리라 생각했기 때문에 그들의 얼굴에는 걱정스러운 빛이 뚜렷했습니다. 그런데 풍훤은 생각 밖의 행동을 하는 것이 아닙니까! 그 자리에서 빚 문서를 불에 태워 버리는 것이었습니다.

"아니!? 어쩌려고?"

눈이 둥그레진 채 할 말을 잊은 사람들 앞에서 풍훤은 이렇게 말하는 것이었습니다.

"맹상군께서는 어지신 분입니다. 여러분의 고생이 크다는 것을 아시고 저를 보내 모든 빚을 탕감해 주라고 하셨습니다."

"세상에! 이렇게 고마울 수가!"

"어려운 백성들의 사정을 이렇게 잘 보살펴주는 정승이 계시다니!"

"우리는 정말 복받은 백성들입니다."

사람들은 가슴이 너무 벅차서 어찌할 줄을 몰랐습니다. 이런 일이 있으리라고는 생각지도 못했기 때문에 그 감격이 더 컸습니다.

그러나 빚을 받아 오라고 내려 보낸 풍훤이 엉뚱한 일을 저지르고 빈손으로 돌아오자 맹상군의 얼굴 표정은 밝지 못했습니다. 하지만 풍훤은 아랑곳하지 않고 말하는 것이었습니다.

"부귀를 다 누리고 계신 정승님께 없는 것이 있습니다. 바로 남에게 은혜를 베푸는 일입니다. 그래서 제가 정승님을 위해 그것을 사 가지고 왔습니다."

일 년 후, 맹상군은 제나라 민왕의 노염을 사서 재상의 자리에서 물러나게 되었습니다.

'아, 이제 앞으로 어떻게 살까. 벼슬이 떨어진 나를 누가 반겨주기나 할까?'

풀이 죽은 맹산군은 기운 없이 영지로 돌아갈 수밖

에 없었습니다.

그런데 놀라운 일이 기다리고 있었습니다. 벼슬이 떨어진 재상을 거들떠보지도 않을 줄 알았던 사람들이, 멀리까지 마중을 나와 크게 반겨주는 게 아닙니까.

"고맙소이다."

맹상군의 입가에 사라졌던 미소가 다시 피어올랐습니다.

사람들은 앞 다투어 맹상군에게 위로의 말을 건넸습니다.

"너무 걱정하지 마십시오. 곧 다시 부름을 받으실 것입니다. 어지신 맹산군님께서 정승이 되지 않으시면 할 사람이 누가 있겠습니까. 마음을 편히 가지시고 기다리세요."

맹상군은 좋을 때 미리 대비해 놓기를 게을리 하지 않은 풍훤의 지혜로움에 놀라지 않을 수 없었습니다.

톡톡, 마음에 담기!

우리 인간은 한치 앞도 내다보지 못하며
살아가고 있습니다.
과연 우리의 미래가 한결같이 평탄하기만 할까요?
앞길에 어떤 위험이 있을지 아무도 모르는 일입니다.
그러므로 슬기로운 사람은,
미리 위험이 있을 것을 생각하여 그에 대한
대비를 해 놓는 것이지요.
남에게 덕을 베푸는 일도 그에 대한 한 가지 대비가
되겠지요. 자기가 넉넉할 때 남에게 베풀어 놓으면,
나중에 자기가 곤궁할 때에 도움을 받을 수도
있지 않겠어요?

38
약속만으로 배가 채워지지는 않는다

○●
스펄전(Charles H. Spurgean, 1834-1892) : 영국의 복음주의 목사

장자는 집이 아주 가난했습니다. 그래서 이따금 친척들이나 가까운 친구의 집에 가서 식량을 꾸어 오기도 하고 돈도 빌리기도 했습니다.

하루는 집에 곡식이 떨어져 먹을 것이 없자, 위문후에게 찾아가 부탁했습니다.

"먹을 것이 없으니, 곡식을 조금만 빌려주십시오."

위문후는 장자에게 돈을 빌려주고 싶은 생각이 없었습니다. 그래도 장자를 박대할 처지는 못 되었습니다.

'빌려주기는 싫은데, 어떻게 기분 상하지 않게 거절할 방법이 없을까?'
위문후는 한 꾀를 생각해 냈습니다.
"네, 당연히 빌려드려야지요. 머지않아 백성들에게서 세금을 거둬들일 텐데, 그 일이 끝나면 3백 냥쯤 빌려드리지요. 그럼 되겠습니까?"
이 말에 장자는 위문후의 마음을 꿰뚫어볼 수 있었습니다.

'당장 먹을 것이 없는 처지라는 것을 알면서 나중

에 300냥을 빌려주겠다니? 솔직하게 빌려주기 싫다고 하는 것보다 더 기분이 안 좋구나.'
장자는 노여움을 참고 말했습니다.
"제가 재미있는 얘기 하나 해드려도 될까요?"
"좋고말고요. 어서 말씀해 보시지요."
"제가 어제 이곳으로 오는데, 어디선가 애처롭게 도움을 요청하는 소리가 들리는 것이었습니다."
"호, 무슨 일이 일어난 겁니까?"
"소리가 나는 곳을 찾아 사방을 두리번거리자, 길바닥에 파인 수레바퀴 자국이 보였습니다. 수레바퀴 자국이 깊이 파여 웅덩이가 된 곳에 붕어 한 마리가 숨을 헐떡이면서 나를 부르는 게 아니겠습니까?"
"저런! 어떻게 그런 곳에 붕어가 있을까요?"
"저도 궁금해서 어찌 된 거냐고 붕어에게 물어보았습니다. 그랬더니 붕어가 대답하기를, '저는 본래 동해 바다 용왕의 신하인데 어쩌다가 실수로 이곳으로 나오게 되었습니다. 그런데 날이 가물어 웅덩이의 물이 말라 목숨을 잇기 어려운 처지에 놓이고 말았지요. 부디 제게 물 한 바가지만 길어다 부어 주십시오. 그러면 제가 살 수 있을 것입니다.' 하더군요."
위문후는 호기심이 생기는지 다그쳐 물었습니다.
"그래서 어떻게 하셨습니까?"
"네, 이렇게 말했습니다. '잘 알았다, 붕어야. 걱정하지 마라. 내가 지금 이 나라의 임금님을 만나러 가는 길이란다. 임금님을 만나면 내가 잊지 않고 반드시 네 이야기를 하마. 그래서 양자강 물을 이 웅덩이까지 끌어오는 공사를 하도록 해 주마.'라고요."

위문후는 장자가 무슨 말을 하고 있는지 알아챈 듯 얼굴빛이 붉어지며 헛기침을 하였습니다. 장자는 하던 말을 이어 나갔습니다.

"그러자 붕어가 발칵 화를 내며 말했습니다. '지금 이 순간에도 웅덩이는 말라가고 있어요. 나는 죽어 가고 있고요. 내가 원하는 것은 양자강 물을 끌어오는 대공사가 아니라, 다만 한 그릇의 물이 필요해요. 당신이 양자강 물을 끌어온들 내가 이미 죽은 뒤에는 무슨 소용이 있겠어요! 당신은 건어물 가게에서나 나를 찾아야 할 걸요?' 하더군요."

"흠…."

부끄러워진 위문후는 장자 앞에서 차마 얼굴을 들지 못했습니다.

톡톡, 마음에 담기!

급해서 도움을 요청하는 사람에게는
적절한 도움을 줘야 합니다.
급한 사람에게 먼 훗날 도와주겠다는 말이
무슨 도움이 되겠습니까.
또 나중에 크게 도와주겠다고 선심을
쓰듯이 말하는 것은 잘못된 것입니다.
지금 당장 도움이 필요한 사람에게는 미루지 말고
도울 수 있는 범위 내에서 힘껏 도와주십시오.
적은 물질이라도 필요할 때는 그 즉시 주는 것이
최고의 도움입니다.
도와줄 수 없는 형편이라면 솔직하게 말하십시오.

39
희망 속에 행복이 있다

○●
포(Edgar Allan Poe, 1809~1849) : 미국의 시인 · 소설가 · 비평가

 "구두 닦으세요! 반짝반짝 닦아드립니다."
 런던의 한 길모퉁이에서 구두를 닦는 소년이 있었습니다. 생기가 넘치는 밝은 표정 때문에 사람들은 그 구두닦이 소년을 보는 것이 언제나 즐거웠습니다. 일부러 닦을 구두를 봉지에 담아 가져오는 단골손님도 여럿 있었습니다.
 "얘, 시간이 별로 없는데 빨리 좀 닦아 다오."
 한 신사가 흙으로 범벅이 된 구두를 가리켰습니다. 늘 소년을 눈여겨보다가 오늘 구두를 닦으러 온 신사

였습니다.

"네, 이용해 주셔서 감사합니다. 눈 깜짝할 사이에 닦아 드릴게요."

소년의 손이 빠르게 움직이며 구두의 먼지를 털어 내고 약을 바르고 광을 내기 시작했습니다. 금세 소년의 콧등에는 땀이 송글송글 맺혔습니다.

"얘야, 힘들지 않니?"

신사는 기다리는 시간이 심심한지 말을 걸었습니다.

"새벽부터 나와서 밤늦게까지 일하기 때문에 힘들 때도 있어요. 그래도 일한다는 것이 즐거워요."
"아버지는 뭘 하시니?"
밝던 소년의 얼굴이 순간 흐려졌습니다.
"돌아가셨니? 내가 괜한 걸 물었구나. 미안하다."
"아니에요, 아저씨."
소년의 입가에 다시 미소가 피어올랐습니다.
"아버지가 빚 때문에 감옥에 갇히셨어요. 그래서 집안 살림을 제가 꾸려 나가야 해요."
신사는 가슴이 뭉클함을 느꼈습니다.

"그런데도 이렇게 밝다니! 넌 참 대단한 아이구나."

구두를 닦으면서 소년은 콧노래까지 흥얼거렸는데 템포가 빠르고 신나는 멜로디였습니다. 즐거운 척하는 것이 아니라 소년은 구두를 닦으면서 사는 삶을 정말 즐거워하는 것 같았습니다. 가짜로 즐거워하는 사람은 몇 분이 지나면 가면이 벗겨지는 법입니다. 그런데 소년의 얼굴은 새벽부터 한밤중에 집에 돌아갈 때까지 늘 한결같이 씩씩하고 쾌활해 보였습니다.

"자, 이제 다 되었습니다. 보세요, 아저씨, 멋지지요?"

구두는 정말 자기 구두가 맞나 싶을 만큼 말끔해져 있었습니다.

"그래, 수고했다. 그런데 뭐 좀 한 가지 물어봐도 되겠느냐?"

"네, 뭐든지 물어보세요."

"넌 구두 닦는 일이 그렇게 즐겁니? 항상 웃고 있

어서 말이야."

하하하, 웃으며 소년은 이렇게 대답했습니다.

"네, 아저씨, 정말 즐겁지요."

신사는 이해할 수 없다는 듯이 고개를 갸웃거리며 물었습니다.

"어떻게 이런 생활이 즐거울 수가 있니? 아버지를 대신해 가족을 부양하는 일이 힘들 텐데 말이야."

"저는 지금 구두를 닦고 있는 게 아니거든요."

"그럼…?"

"바로 희망을 닦고 있기 때문이에요."

"아, 그래…? 그렇구나!"

신사는 알았다는 듯 크게 몇 번이고 고개를 끄덕였습니다.

이 어린 구두닦이 소년이 바로 '올리버 트위스트'를 쓴 세계적인 작가 찰스 디킨스입니다.

톡톡, 마음에 담기!

먹구름 뒤에는 빛나는 태양이 있다는 것을 믿는
사람들은 절망하지 않습니다.
어린 찰스 디킨스를 웃게 해주는 힘은 희망이었습니다.
비록 힘들게 손님들의 구두를 닦으며
생활했지만 가슴 속에 있는 희망의 빛은 꺼지지 않았던
것입니다. 아프리카의 밀림지대에서 고립된 지
6개월 만에 구조된 영국 병사 있었는데,
당시 손에 지도를 꼭 쥐고 있었습니다.
사람들은 밀림 지도라고 생각했는데 영국의
지하철 지도였습니다.
그는 조국의 지하철 지도를 보면서
살아서 돌아갈 수 있다는 희망을 되새겼던 것입니다.
우리의 앞날을 설계한 인생의 지도를 만들어 늘 희망을
잃지 않는 여러분이 되어야겠습니다.

40

최대의 영광은 한 번도 실패하지 않는 것이 아니라, 쓰러질 때마다 일어나는 데 있다

○●
골드스미스(Oliver Goldsmith, 1730~1774) : 영국의 소설가·극작가·시인

미국의 제16대 대통령인 링컨은 미국 켄터키 주의 한 통나무집에서 태어났습니다.

부모님의 농사일을 돕기 위해 학교를 겨우 1년만 다니고 그만둔 링컨은 언제나 공부에 목이 말랐습니다. 일을 하면서도 링컨은 틈틈이 책을 빌려다 읽었습니다. 학교에 다니지 못하고 일을 해야 하는 처지였지만 실망하지 않을 수 있는 힘은 책을 읽는 데 있었습니다.

'책을 읽으면 언제나 힘나 솟구쳐. 위대한 사람들

도 나처럼 어렵게 산 사람이 많아. 미래를 향한 목표를 분명하게 세우고 공부해 나간다면 언젠가 가난을 이겨낼 수 있을 거야. 나도 해낼 수 있어, 그들처럼!'

반드시 성공하고야 말겠다는 힘찬 도전의식을 링컨은 불러일으킬 수 있었습니다. 책을 사서 볼 수 없는 형편이었기 때문에 링컨은 틈만 나면 책을 빌려다가 읽고 또 읽었습니다. 거리가 아무리 멀어도 책을 빌릴 수 있다면 링컨은 한밤중이라도 달려가서 빌려

왔습니다.

'책을 산처럼 쌓아놓고 실컷 읽어 보았으면….'

맛있는 음식이나 좋은 옷에 대한 욕심은 없었지만 책에 대한 욕심만은 끝이 없었습니다.

"아유, 참 신통하기도 하지. 무슨 애가 저렇게도 책을 좋아할까."

흐뭇해하며 사랑이 듬뿍 담긴 눈으로 아들을 지켜보던 어머니 낸시 여사는 링컨이 9살 때 병으로 세상을 떠났습니다. 가족의 죽음은 어린 링컨의 가슴에 메울 길이 없는 큰 구멍을 하나 뚫어놓았습니다.

"어머니! 어머니!"

혼자 있을 때면 링컨은 어머니를 그리워하며 우는 날이 많았습니다. 그날도 한참을 울다가 문득 이런 생각을 했습니다.

'바보같이 울기만 한다면 어머니가 실망하실 거야. 어머니도 슬퍼하실 거야. 훌륭한 사람이 되어 어머니를 기쁘게 해 드려야 해.'

어린 링컨은 혼자서 수도 없이 다짐하고 또 다짐하였습니다.

그 후 열심히 일하고 부지런히 독학을 하여 링컨은 많은 지식을 쌓아 변호사가 되었습니다. 항상 참되고 바르게 행동하려고 노력했고 언제나 성실했습니다.

젊은 시절, 링컨은 노예 시장에 갔다가 사람을 돈으로 팔고 사는 것을 보았습니다.

'옳지 않다! 흑인도 사람이다. 사람을 사고팔다니! 노예 제도는 반드시 없어져야 한다.'

인간은 누구나 평등하다고 믿는 링컨의 마음에 노예시장의 슬픈 풍경은 깊이 새겨졌습니다.

링컨에게는 유난히 시련이 많았습니다.
22세 때 사업에 크게 실패했습니다.
23세 때 주의원 선거에서 낙선했습니다.
24세 때 또 사업을 벌여 실패했습니다.
26세 때 사랑하는 사람을 잃었습니다.

29세 때 의회 의장 선거에서 낙선했습니다.
31세 때 대통령 선거에서 낙선했습니다.
34세 때 국회의원 선거에서도 낙선했습니다.
39세 때 또다시 국회의원 선거에서 낙선했습니다.
46세 때 상원의원 선거에 낙선했습니다.
47세 때 부통령 선거에 낙선했습니다.
49세 때 상원의원 선거에서 또 낙선했습니다.
그러나 51세 때 링컨은 마침내 수많은 실패를 이겨 내고 미국 대통령에 당선되었습니다.

제16대 미국 대통령이 된 에이브러햄 링컨은 남북 전쟁을 승리로 이끌어 위대한 노예 해방을 이루어 냈습니다. 수없이 실패했지만 수없이 다시 일어섰던 링컨이야말로 인간 승리를 보여주는 위대한 사람입니다.

톡톡, 마음에 담기!

인생을 살아가는 데 좋은 조건이라고는 없었지만
링컨은 모두 다 극복해 냈습니다.
무서운 시련과 고난을 꿋꿋이 참아
이긴 링컨은 마침내 흑인을 노예의 신분에서
풀어주는 위대한 업적을 이루어 냈습니다.
거듭되는 실패를 경험한 뒤에야 승리의 월계관을
차지할 수 있다는 교훈을 줍니다.
실패했다고 주저앉는 사람은 약한 사람입니다.
실패를 교훈 삼아 다시 일어나는 사람만이
성공을 예약할 수 있습니다.

41

명예는 밖으로 나타나는 양심이며, 양심은 안에 잠기는 명예다

○●
쇼펜하우어(Arthur Schopenhauer, 1788~1860) : 독일의 철학자

새벽 두 시, 미국 워싱턴에 자리한 백악관의 밤은 점점 깊어갔습니다.

루즈벨트 대통령은 이미 잠이 들었는데 영부인은 서재에서 아직 깨어 있었습니다. 그래서 영부인의 비서인 탐슨은 그때까지도 잠자리에 들지 못하고 복도를 서성였습니다. 영부인은 책상에 앉아 무언가를 열심히 쓰고 있었습니다.

'더 이상은 안 되는데…. 내일 행사도 있고. 말씀을 드려야겠다'

 탐슨은 시계가 두 시를 넘어서자 방문을 똑똑 두드렸습니다. 대답이 없자 탐슨은 문을 조금 열고 작은 목소리로 말했습니다.
 "여사님, 밤이 너무 늦었습니다. 이제 쉬셔야 합니다."
 "아, 알고 있어요. 미안해요. 기다리느라 힘들지요?"
 영부인은 조금도 피곤하지 않은 모습이었습니다.
 "오늘은 무엇을 그토록 열심히 하십니까?"

"다 되었어요. 이제 마지막 한 장이 남았어요."

루즈벨트 부인은 눈길을 책상에 준 채 비서에게 말했습니다. 그녀는 그때까지 갖가지 고민으로 괴로워하는 사람들이 보낸 편지에 일일이 답장을 하고 있었습니다. 사람들의 사연이 다 다르기 때문에 하나하나 읽어보고 생각하면서 답장을 쓰는 것이라 시간이 많이 걸렸던 것입니다.

"왜 일일이 답장을 하십니까? 인쇄물로 하시면 편하실 텐데요……."

비서의 말에 영부인이 고개를 저으며 말했습니다.

"안 돼요. 그런 종잇조각을 받으면 사람들은 분명히 실망할 것입니다."

당시 미국사회는 극심한 경제 혼란기로 굶주리는 사람들이 많았습니다. 가난과 굶주림, 병으로 고통받는 사람들은 영부인에게 도움의 손길을 호소했습니다. 영부인은 그 편지를 받으면 몇 번이고 읽고 검토하여 힘닿는 대로 자선단체나 병원 등을 소개해주었습니다. 그리고 위로가 필요한 사람들에게는 따뜻한 위로와 격려를 담아 직접 답장을 써서 보내주었습니다. 비서는 건강에 무리가 갈 정도로 이 일에 매달리는 영부인이 안타까웠습니다.

"부인, 그렇지만 이들 중 많은 사람이 거짓으로 편지를 보낼 수도 있습니다. 전부 다 진실은 아닐 것입니다."

탐슨이 이렇게 얘기하자 영부인이 말했습니다.

"그렇지 않아요. 이 사람들은 모두 하는 데까지 다 해보았을 것입니다. 결국 벼랑 끝에 서서 절박한 심정으로 제게 마지막 도움을 요청하는 편지를 보냈을 거예요. 만약 그들을 외면한다면 저는 평생 양심에 가책을 느낄 거예요."

더 이상 만류할 말이 생각나지 않아 탐슨은 미소를 띤 채 영부인을 바라보았습니다.

훌륭한 루즈벨트 대통령의 뒤에는 국민을 사랑하는 다정한 영부인이 있었던 것입니다. 영부인이 평생을 남을 위해 봉사하며 지냈던 힘은 스스로에 대한 양심에 있었던 것입니다.

톡톡, 마음에 담기!

사람들의 눈을 의식해서 선행을 베푸는 것은
참다운 선행이 아닙니다.
마음에서 우러나와서 남이 보든지 보지 않든지
최선을 다하는 것이 참다운 양심을 가진 사람입니다.
힘있고 부유한 자에게 잘 대해주기는 쉽습니다.
그러나 힘없고 가난한 사람들에게 정성껏 사랑으로
대해주는 일은 쉽지 않습니다. 그 쉽지 않은 일을 하는
사람들이 있어서 세상은 아름답고 살아가는
보람이 있습니다. 우리도 작은 일부터 배려하고
따뜻한 마음씨를 가져야겠습니다. 배려도 습관이 되면
좋은 품성으로 몸에 배어들게 됩니다.

42
존재하는 모든 훌륭한 것은 독창력의 열매이다

○ ●
밀(John Stuart Mill, 1806~1873) : 영국의 철학자·정치학자·경제학자

어느 마을에 혼기에 찬 외아들을 둔 부자가 살았습니다.

'딱 하나뿐인 자식이라 며느리를 잘 들여야 할 텐데…'

자나깨나 부자는 새로 들일 식구에 대한 걱정뿐이었습니다.

'어떻게 하면 영리하고도 참한 며느리를 맞을 수 있을까?'

궁리를 하던 끝에 부자는 자기가 직접 며느릿감을

테스트하고 싶은 생각이 들었습니다.

서둘러 부자는 자기 집 앞에 따로 작은 집 한 채를 지었습니다. 예비 며느릿감들을 테스트할 장소였습니다.

"가문이나 재산은 상관없네. 이 집에서 한 달만 살아낼 수 있는 능력이 있으면 되네."

부잣집 며느리로 들어가는 일이라 아가씨들이 다투어 지원을 해 왔습니다. 그런데 한 달 동안 생활하며 먹을 식량이라고 주는 것이 겨우 쌀 한 말과 잡곡 한 말이었습니다. 반찬 역시 신 김치 조금과 간장 한 종지뿐이었습니다. 혼자 먹는 것도 아니고 며느릿감을 도와주는 할멈까지 있었기 때문에 두 사람분으로는 어림도 없는 분량이었습니다.

"흥! 기권할래요. 호강 좀 하려다가 굶어죽기 십상이겠네요."

찾아왔다가도 기가 막혀 발길을 돌리는 사람도 많았습니다.

'그래도 이런 부잣집 며느리가 어디야? 한 달만 죽었다 셈치고 참아봐야겠다.'

이렇게 생각하고 독하게 마음먹고 며느리집에 들어갔다가 며칠도 못 되어 소리도 없이 돌아가 버리는 처녀도 있었습니다. 지독한 구두쇠라는 소문이 널리 퍼지게 되자 지원하는 신부 후보의 발길도 뚝 끊어지고 말았습니다.

몇 달 후 지원자가 하나 나타났는데, 건넛마을에 사는 가난한 집의 처녀였습니다. 며느리집을 지키고 있던 할멈이 오랜만에 온 손님을 반갑게 맞아 주었습니다.

처녀는 집에 들어오자마자 옷소매를 걷어붙이고 청소를 하기 시작했습니다.

반질반질하게 집안을 두루 청소하고 나니 저녁 무렵이 되었습니다.

"청소를 했더니 배가 고프네요. 우리 저녁을 넉넉히 지어 먹기로 해요."

할멈이 걱정스러운 표정으로 말했습니다.
"아씨, 식량이 넉넉하지 않은뎁쇼? 아껴 먹어야지요."
"걱정 말아요. 식량이 떨어지면 밥벌이를 하면 되지 않겠어요?"
그 날 저녁, 두 사람은 밥을 배불리 먹고 단잠에 들었습니다.
다음날 아침 일찍 일어난 처녀는 또 밥을 지어 할멈과 함께 배불리 먹었습니다. 집 청소를 마친 후 처녀는 할멈에게 부탁하였습니다.

"밥을 먹었으니 인제 일을 해야지요? 동네에 나가 일거리 좀 구해 오세요. 어려운 집안에 태어나 많은 일을 해 왔어요. 바느질이나 빨래도 괜찮아요. 물레질이나 길쌈도 할 줄 알고요, 옷 만들기나 음식 장만도 잘 한답니다. 할멈 체면 상하지 않게 잘 할 테니 걱정 말고 많이 구해 오세요."

"네, 그럼 다녀올게요."

할멈은 동네에 나가서 갖가지 일거리를 맡아왔습니다.

처녀는 정말 손이 민첩하고 행동이 재빨랐습니다. 또 옷 짓는 솜씨가 놀라울 정도여서 어려운 도포 옷까지도 거뜬히 지어냈습니다.

"아유, 남자의 도포는 정말 까다로운데 참 대단도 하우."

하루가 다르게 처녀의 일솜씨가 좋다고 소문이 나자 새 일거리가 자꾸 몰려들었습니다. 품삯이 계속 들어오니 그 돈으로 언제나 배불리 식사를 할 수 있었습니다.

 할 일이 많을 때는 시간도 빨리 가는 법입니다. 바쁘게 일하며 지내는 동안 한 달이 훌쩍 흘러가 버렸습니다. 창고에는 처녀가 일한 품삯으로 받은 쌀과 잡곡, 땔나무가 그득그득 쌓여 있었습니다. 그것만으로도 몇 달은 더 살 수 있을 정도였습니다. 집안 역시 늘 쓸고 닦아 마루에도 윤이 났습니다.

 부자는 마음이 흡족하였습니다.

 "안심하고 우리 집 곳간을 맡길 수 있는 총명한 며느릿감이로구나!"

 부자는 아들의 결혼식을 서둘러 올려주었습니다. 그리고 며느리 몰래 가난한 친정집에도 논밭을 마련해 주었습니다. 지혜로운 며느리는 남편은 물론 시부모의 사랑 속에서 집안을 더욱 화목하게 잘 이끌었다고 합니다.

톡톡, 마음에 담기!

안 먹고 안 쓰면 아낄 수 있다고 생각하는 것은
경제의 수동적인 태도입니다.
옷소매를 걷어붙이고 일을 해서 돈을 벌어들이는 것은
적극적인 태도입니다.
이 시대는 개인의 노력과 창의력으로 더 큰 경제활동을
할 수 있습니다. 남들이 하지 않을 때에도 창조적으로
생각하는 지혜가 필요합니다.
창의력은 우주로 가는 로켓을 만든다거나 컴퓨터를
개발하는 등 거창한 것만이 아닙니다.
생활 속에서 작은 유익이나 편리를 가져올 수 있는
지혜로운 행동 역시 창의력이라 할 수 있습니다.
오늘 하루도 창의력을 꽃피울 수 있는 시간으로
만들어야겠습니다.

43
위급한 때일수록 힘보다는 지혜가 필요하다

이솝(Aisopos, ?~?) : '이솝 이야기'의 작자

옛날 어느 마을에 아주 심술궂은 사또가 있었습니다. 마치 남을 골탕 먹이는 재미로 사는 사람 같았습니다. 또 아랫사람에게는 오직 복종만을 요구했습니다.

어느 해 한겨울, 갑자기 사또는 너무나 산딸기가 먹고 싶었습니다. 옛날에는 제철이 아니면 과일이나 야채를 구할 수 없었습니다.

'아, 딸기가 눈앞에서 아른거린다. 어쩌면 좋을꼬!'

사또는 퉁퉁 부은 얼굴로 이방을 불러들였습니다.
"이방, 내가 딸기가 먹고 싶으니 무슨 방법을 써서라도 구해 오도록 해라."
이방은 어안이 벙벙하였습니다. 겨울철에 딸기를 구해 오라니요!
"저… 사또 마님…."
이방이 고개를 갸웃하며 머뭇거리자 사또의 불호령이 떨어졌습니다.
"설마 딸기를 못 구한다는 말을 하려는 건 아닐 테

지?"

"구, 구해 오겠습니다. 사또 마님."

이방의 등에서는 서늘한 땀이 흘러내렸습니다. 사또 앞을 물러나온 이방의 얼굴에는 걱정이 가득했습니다.

'이 겨울에 어디에 가서 딸기를 구한단 말인가. 차라리 죽는 게 낫겠다.'

이방은 집으로 돌아오자마자 이불을 뒤집어쓰고 자리에 누워 버렸습니다. 가슴이 답답해서 숨을 쉬기도 어려웠습니다. 그 모습을 본 아들이 물었습니다.

"아버님, 어디 편찮으십니까?"

"아니다."

"그렇다면 무슨 걱정거리라도…? 혹시 사또 마님께서 무슨 어려운 명령을 내리셨습니까?"

이방은 어린 아들을 바라보았습니다. 일찍부터 글을 잘 읽어 동네 어른들이나 글방 훈장님의 귀염을 독차지하는 아들이었습니다. 이방은 한숨을 쉬면서 입을 열었습니다.

"사또께서 불가능한 명령을 내리셨다 이 한겨울에 딸기가 먹고 싶다고 하시지 뭐냐? 딸기를 구하지 못한다면 난 살아나기 어려울 것이다."

아버지의 말을 다 들은 아들은 방그레 웃으며 말하는 것이었습니다.

"걱정 마시고 푹 쉬십시오. 내일 제가 아버님 대신 사또 마님을 뵙고 오겠습니다."

"안 된다. 네가 할 수 있는 일이 아니다!"

"아버지, 저만 믿어 주세요."

다음 날, 어린 아들은 동헌으로 나갔습니다. 사또 앞에 이르자 공손히 큰절을 했습니다.

"흠, 너는 누구냐? 무슨 일로 여기까지 왔지?"

"네, 저는 이방의 아들입니다. 제 아비의 일로 사또 마님을 찾아뵙게 되었습니다."

"흠, 그래? 그런데 네 아비가 딸기를 구해 오지 않았더냐?"

"네, 사또 마님의 분부대로 딸기를 구해 왔습니다."

이방의 어린 아들을 시치미를 딱 떼고 말했습니다. 사또의 눈이 번쩍 커졌습니다.

"그렇다면 어찌해서 즉시 가져오지 않느냐?"

이방의 아들은 눈도 깜박이지 않고 말했습니다.

"제 아비가 산딸기를 따다가 그만 독사에게 물리고 말았지 뭡니까. 온몸이 퉁퉁 부어 누워 있습니다. 그래서 제가 대신 말씀을 전해드리려고 왔습니다."

아직 말이 채 끝나기도 전에, 사또의 불호령이 떨어졌습니다.

"네 이놈! 그런 거짓말을 하다니! 뱀이란 겨울잠을 자는 동물인데, 이 추운 겨울날에 독사가 어디에 있단 말이냐!"

사또의 불호령이 떨어졌는데도 이방의 어린 아들은 전혀 무서워하는 기색이 없었습니다.

"그렇다면 사또 마님께서는 당연히 겨울에 없는 딸기를 왜 구해 오라고 명령하셨습니까? 아비가 독사에 물려 누워 있다고 한 제 거짓말과 사또 마님의 명령이 다를 게 있는지요? 사또 마님, 지금 제 아비는 사또 마님의 명령을 지키지 못해 슬퍼하다가 병이 났습니다."

"흠…."

아무리 심보가 고약한 사또지만, 어린 아이가 조리 있게 설명하자 자기 자신이 부끄러워지지 않을 수 없었습니다. 사또는 이방의 어린 아들을 크게 칭찬하고, 그 후로는 터무니없는 명령은 내리지 않았다고 합니다.

톡톡, 마음에 담기!

힘으로 못하는 것, 돈으로 못 사는 것도 지혜로 문제를
해결할 수 있습니다. 그러므로 생활 속에서도 지혜를
사용해야 합니다. 제아무리 지혜로운 사람이라 해도
오랫동안 사용하지 않으면 녹슬어 버립니다.
우리는 학교에서 지식을 배워 나갑니다.
지혜는 그 지식을 바탕으로 하고 있습니다.
지혜는 모두에게 유익을 주고 사람을 살리는
힘이 됩니다. 아무리 탁월한 생각이라 해도
사람들에게 피해를 끼치고 사람을 죽이는 것이라면
지혜가 될 수 없습니다.
우리도 평소의 삶 속에서 산 지식을 잘 활용하는
지혜로운 어린이들이 되어야겠습니다.

44
너 자신을 알라

○●
소크라테스(Sookratés BC 470?~BC 399) : 고대 그리스 철학자

우쭐대기를 좋아하는 약간 모자라는 까마귀가 있었습니다.

"난 너희들과 달라. 난 보통 까마귀가 아니야."

모자라는 까마귀는 자기 자신을 아주 대단하게 생각하고 있었습니다.

"얘들아, 너희들은 왜 나에게 인사를 안 해?"

"우리들이 왜 네게 인사를 해야 해?"

그러면 까마귀는 한껏 으스대며 이렇게 말하곤 했습니다.

"음, 난 너희들과 달라. 멋지잖아?"

시간이 지나면서 숲속의 동물들은 모두 까마귀를 싫어하게 되었습니다.

어느 날, 수풀 속에 내려앉았던 모자라는 까마귀는 눈이 번쩍 뜨이는 물건 하나를 발견하였습니다.

"와, 이게 뭐야? 신난다!"

그것은 공작새가 떨어뜨리고 간 아름다운 깃털이었습니다. 오색찬란한 그 깃털은 햇빛을 받아서 아름답게 빛났습니다.

'오, 얼마나 갖고 싶었던 화려한 깃털인가…. 이 깃털이 나를 아름답게 꾸며주겠지.'

모자라는 까마귀는 몹시 기뻐하면서, 더러운 자기 꼬리에 아름다운 공작새의 깃털을 붙여 끼우고 뽐내며 돌아다녔습니다.

"애들아, 내 깃털이 어때? 정말 우아하지 않니? 신기하지?"

그러더니 얼마 후부터는 친한 까마귀 친구들을 만나도 아는 척을 하지 않는 것이었습니다.

"아이, 너희들은 왜 그렇게 우중충하니? 친구라고 같이 놀기도 창피하구나."

상대도 하지 않으려고 하면서 말끝마다 이렇게 강조했습니다.

"난 너희들하고 달라. 이래봬도 공작새랑 친구란 말이야! 난 어제도 공작새랑 하루종일 같이 춤을 추며 놀았단다!"

"그럼 오늘도 공작새랑 놀 거야? 우리랑 안 놀고?"

"그럼. 난 거의 공작새거든. 아마 지금쯤 공원에서 날 기다리고 있을걸?"

모자라는 까마귀는 친구 까마귀들과 헤어져서 공원으로 갔습니다. 공원의 잔디밭에는 공작새들이 화려한 날개들을 한껏 펼친 채 모여 있었습니다.

"공작새들아, 안녕! 나 왔어."

모자라는 까마귀가 반갑게 인사했습니다. 그런데 공작새들은 모자라는 까마귀를 보자 발칵 신경질을 내는 것이었습니다.

"이놈이 그놈 아냐?"

"맞아, 우리 깃털을 꽁지에 묶고 공작새인 척한다는 놈!"

"이 가짜 사기꾼아! 썩 꺼지지 못해?"

공작새들이 무섭게 부리를 세우며 우르르 달려들었습니다.

"아니, 난 너희들의 친구가 되고 싶었던 것뿐인데…."

모자라는 까마귀는 정신없이 도망쳐서 까마귀 친구들에게로 갔습니다.

"얘들아, 내가 왔어."

그러나 모자라는 까마귀가 으스대며 못되게 굴던 일을 까마귀 친구들은 잊지 않고 있었습니다. 그러니 반겨줄 리가 없었지요.

"넌 공작새라며? 공작새가 까마귀들한테 무슨 볼 일이 있어?"

친구들은 모자라는 까마귀와 상대하려고도 하지 않았습니다.

'아, 인제 나는 누구랑 노나….'

외돌토리로 혼자 이리저리 헤매는 모자라는 까마귀를 보고, 나이 든 까마귀가 혀를 차면서 말했습니다.

"그러게 제 분수를 알아야지. 제 근본대로 살아야 하는 건데, 공작새는 무슨…."

톡톡, 마음에 담기!

사람들도 때때로 자기의 분수를 잊고 분에 넘치는 것을 바랄 때가 많습니다. 그러나 그건 어리석은 일입니다. 자기 자신이 누구인지, 자기가 잘 할 수 있는 일과 할 수 없는 일을 잘 분별할 수 있어야 합니다. 학생들이 진로를 생각할 때 가고 싶다고 해서 모두 다 의과대학이나 법과대학에 갈 수 있는 것은 아닙니다. 물론 불가능한 것은 없습니다. 꾸준히 노력한다면 언젠가는 목표를 이룰 수 있을 것입니다. 그러나 가장 지혜로운 것은 자기 자신의 능력을 알고 거기에 맞는 진로를 찾는 것이 가장 좋을 것입니다.

45
마음이 어진 사람은 조그마한 집에 살아도 행복하다

○●
홍자성 : 중국 명나라 때의 유학자

이양생은 첩의 아들로 태어난 서자였습니다. 그래서 글도 못 배웠지만 포도대장이라는 지위에까지 오른 사람입니다.

조선시대에는 서자로 태어나면 벼슬도 못하고, 평생을 구박을 받으면서 살아야 했습니다. 그런 속에서 벼슬에 올랐다는 것은 이양생의 실력이 얼마나 뛰어났는지를 말해 줍니다.

이양생은 너무 가난하며 짚신을 삼고 나무를 해다 팔아 겨우 생활을 해 나갔습니다.

 '이것으로는 가족의 끼니도 제대로 해결하기가 어렵구나. 무슨 방법을 생각해야지.'

 그래서 나이가 스무 살이 되자마자 군대에 들어갔습니다.

 이양생이 군대에서 훈련을 받고 있을 때 이시애의 반란이 일어났습니다. 이시애는 함경도 사람으로 무공을 세워 지방의 군대 사령관까지 지낸 인물인데, 세조가 지방의 세력을 누르는 억제정책을 펴자 이에 불만을 품고 반란을 일으킨 것입니다.

"자, 힘을 내서 나라를 어지럽히는 반란군을 무찌르자!"

이양생은 반란을 막으러 가는 토벌군으로 뽑혀 크게 공을 세웠습니다. 그 공으로 공신이 된 이양생은 계성군으로 봉해지고, 벼슬에도 오르게 되었습니다. 비록 서자라도 공신이 되면 높은 벼슬을 할 수 있는 길이 열려 있었기 때문입니다.

"어르신, 그동안 안녕하셨습니까?"

이양생은 비록 글자 한 자 모르는 까막눈이었으나 사람의 도리를 알아 깍듯이 예를 지켰습니다. 그래서 양반들도 그를 결코 무시하지 못하였습니다. 성품 역시 위엄이 있으면서도 활달했기 때문에 누구나 좋아하였습니다. 우연히 길에서 가난했던 시절의 친구라도 만나게 되면, 남의 눈을 생각지 않고 말에서 뛰어내려 부둥켜안고 반가워했습니다. 오히려 친구가 계면쩍어 손을 밀어내는 경우가 많았습니다.

"내, 내가 조용할 때 찾아감세. 남의 눈도 있고 하

니…."

"아, 무슨 소린가! 우린 죽마고우가 아닌가. 친구 사이에 높고 낮음이 어디 있단 말인가!"

이렇게 소탈한 성품이었습니다.

이양생의 아내는 그가 출세하기 전에 장가를 갔기 때문에 남의 집 종 출신의 천한 신분이었습니다. 얼굴도 예쁘지 않은데다가 나이가 많아질 때까지 아기도 낳지 못했습니다. 그래서 딱하게 여긴 주위 사람들이 이양생에게 권했습니다.

"이렇게 계속 살아서는 안 되오. 그대는 높은 벼슬아치가 아니오? 아직까지 대를 이을 자식이 없다니 말이 되오? 다시 양반집 딸을 아내로 맞아 자식을 낳는 게 어떻소?"

그 말을 들은 이양생은 껄껄 웃으며 거절했습니다.
"별 걱정을 다 하시오. 그건 결코 안 될 말이오. 내 아내는 내가 고생을 할 때 함께 고생한 사람이오. 이제 내가 벼슬에 올라 살 만해졌다고 해서 어여쁜 여자를 다시 맞이한다면 나만 믿고 의지해온 아내의 마음이 어떻겠소? 그것은 남편 된 도리에 어긋나는 일이오. 나는 사람의 도리를 지키며 내 분수껏 살고 싶소. 자식이 없는 게 문제라면 내 형님에게 아들이 여럿이니 조카 중 하나를 양자로 들여 뒤를 잇게 하면 되지 않겠소? 나는 그것으로 만족하오."
이양생의 대답은 언제나 한결같았습니다. 남을 도와주기를 좋아하여 아무리 좋은 비단옷이라도 가엾은 사람을 만나면 즉시 벗어주었습니다.
"나는 건강해서 추위를 타지 않소. 아무 염려 말고 입고 가시오."
언제나 사람들에게 다정하게 대하고 자기의 공을

자랑하지도, 천한 신분을 감추려고도 하지 않았기 때문에, 양반이나 상민이나 모두들 그를 존경하였습니다.

톡톡, 마음에 담기!

마음이 맑고 소박한 사람은 작은 일에서도 만족을
느낄 수 있습니다. 그러니 더 욕심을 내지 않기 때문에
안전하고 평안합니다.
환경이 어려워서 욕심을 부릴 처지가
아닐 때 검소하게 사는 것은 그다지 어렵지 않습니다.
그러나 마음만 먹으면 더 좋은 것, 더 멋진 집,
더 큰 권력을 마음껏 누릴 수 있는 자리에 있으면서
자기를 다스리는 일은 어렵습니다.
환경이 아무리 바뀌어도 사람의 도리를 지키려는
한결같은 마음가짐이 중요합니다.

말에 관한 명언

말해야 할 때를 아는 사람은 침묵해야 할 때도 안다.
- 아르키메데스

말은 행동의 거울이다. - 솔론

가장 곤란한 것은 모든 사람이 생각하지 않고 나오는 대로
말하는 것이다. - 알랭

개가 짖는다고 해서 용하다고 볼 수 없고 사람이 지껄일 수
있다고 해서 영리하다고 볼 수 없다. - 장자

거짓말은 눈사람 같아서 오래 굴리면 그만큼 더 커진다.
- 로터

좋은 약은 입에 쓰나 병에 이롭고, 충직한 말은
귀에 거슬리나 행동에 이롭다. - 사마천

훌륭한 충고보다 값진 선물은 없다. - 에라스무스

사람과 사람이 만남에 있어 가장 큰 신뢰는 충고를
주고받는 신뢰이다. - 베이컨

아주 솔직하게, 진솔한 충고를 하라. - 키케로

어떠한 충고일지라도 길게 말하지 말라. - 호라티우스

조급히 굴다가 실패하는 사람은 남의 말을 받아들이는
여유를 가지라. - 그라시안

진실로 나에게 이롭거든 남의 말을 겁내지 말라. - 유비

충고할 때는 남이 모르게 하고, 칭찬은 공공연히 하라. - 시레스

아는 것을 안다 하고 모르는 것을 모른다 하는 것이
말의 근본이다. - 순자

말은 마음의 초상이다. - J. 레이

말을 많이 한다는 것과 잘 한다는 것은 별개이다. - 소포클레스

말도 아름다운 꽃처럼 그 색깔을 지니고 있다. - E. 리스

나의 언어의 한계는 나의 세계의 한계를 의미한다.
- 비트겐슈타인

맥박은 앓고 있는 병을 알려 주는 언어이다. - 세르반테스

군자는 말이 행함보다 앞서는 것을 부끄러워한다. - 공자

말이 이치에 맞지 않으면, 말하지 않은 것보다도 못하다. - 유회

말도 행동이고 행동도 말의 일종이다. - 에머슨

말만 하고 행동하지 않는 사람은 잡초로 가득 찬 정원과 같다.
- 하우얼

말하는 것은 지식의 영역이고 듣는 것은 지혜의 특권이다.
- 올리버 웬들 홈스

말하자마자 행동하는 사람, 그것이 가치 있는 사람이다.
- 엔니웃스

말 한 마디가 세계를 지배한다. - 쿠크

훌륭한 말은 훌륭한 무기이다. - 풀러

지혜에 관한 명언

끝을 맺기를 처음과 같이 하면 실패가 없다. – 노자

가장 높은 곳에 올라가려면 가장 낮은 곳부터 시작하라.
– 푸블릴리우스 시루스

기회를 놓치지 말라! 인생은 모두가 기회인 것이다.
– 카네기

좋은 기회란 우리들 자신 속에 있다. – 카네기

사색 없는 독서는 소화되지 않는 음식을 먹는 것과 같다.
– 에드먼드 버크

나는 천천히 가는 사람이다. 그러나 뒤로는 가지 않는다.
– 링컨

당신의 인생은 당신이 하루 종일 무슨 생각을
하는지에 달려 있다. – 에머슨

타인의 자유를 부인하는 자는 그 자신도 자유를
누릴 가치가 없다. – 링컨

독서는 다만 지식의 재료를 줄 뿐이다. 자기 것으로
만드는 것은 사색의 힘이다. – 로크

목표를 보는 자는 장애물을 겁내지 않는다.
– 한나 모어

모욕은 잊어버리고, 친절은 결코 잊지 말아라.
– 공자

책은 꿈꾸는 걸 가르쳐 주는 진짜 선생이다. - 바슐라르

경험이란 헤아릴 수 없는 값을 치른 보물이다. - 셰익스피어

현명한 사람은 적으로부터 많은 것을 배운다. - 아리스토파네스

진정한 창조는 침묵 속에서 이루어진다. - 힐티

돈은 좋은 머슴이기는 하지만, 나쁜 주인이기도 하다. - 베이컨

당신이 사랑받고 싶다면 사랑받을 만한 가치가 있는 사람이 되어라. - 오비디우스

절망이란 어리석은 사람의 결론이다. - 그랑빌

자기 자신을 현명하다고 생각하는 인간은 그야말로 바보이다. - 볼테르

명장들도 처음에는 아마추어였다. - 에머슨

천재라는 것은 무엇보다 고통을 참아내는 뛰어난 능력을 말한다. - 토마스 칼라일

많이 배운 바보는 아무 것도 모르는 바보보다 더 큰 바보이다. - 몰리에르

이기는 것이 중요한 것이 아니라 어떻게 노력하는가가 문제이다. - 쿠베르탕

아름다운 시작보다 아름다운 끝을 선택하라.
– 그라시안

검약에 있어서 인색함은 헤픈 것 이상의 적이다.
– 라 로슈푸코

올바른 지식은 인생을 항해하는 데 필요한 도구를 제공한다. – 레오 버스카클리아

천재라는 것은 참을성을 갖춘 위대한 소질에 불과하다. – 뷔퐁

고난이 있을 때마다 그것이 참된 인간이 되어 가는 과정임을 기억해야 한다. – 괴테

무지의 진정한 특징은 허영과 자만과 교만이다.
– 새뮤얼 버틀러

고귀한 인물은 쉽게 자신의 운명을 한탄하지 않는다.
– 쇼펜하우어

겨울이 오면 봄이 멀지 않다. – 셸리

식물은 재배함으로써 자라고 인간은 교육함으로써 사람이 된다. – 루소

강을 거슬러 헤엄치는 사람이 강물의 세기를 안다.
– 윌슨

겸손은 모든 미덕의 근본이다. – 베일리

지식에 투자하는 것이 가장 이윤이 높다. – 프랭클린

자기반성은 지혜를 배우는 학교이다. - 그라시안

공상은 지식보다 중요하다. - 아인슈타인

용기는 위기에 처했을 때 빛나는 힘이다. - 그라시안

세상에서 가장 강한 사람은 자기 자신을 이기는 사람이다.
- 노자

자기 자신을 아는 것은 참된 진보이다. - 안데르센

궁핍은 영혼과 정신을 낳고, 불행은 위대한 인물을 낳는다.
- 빅토르 위고

남을 비판하는 사람은 남을 사랑할 시간이 없다.
-테레사 수녀

평범과 비범의 차이는 노력의 양에 따라 결정된다.
- 몽테를랑

고기가 탐나거든 그물을 짜라. - 힐티

곤란과 장애는 새로운 힘의 근원이다. - 러셀

하루라도 책을 읽지 않으면 입 안에 가시가 돋는다.
-안중근

신용은 유리와 같은 것, 한 번 금이 가면 원래대로
되지 않는다.
- 아미엘

유능한 사람은 언제나 배우는 사람이다.
- 괴테

마음에 관한 명언

사람은 생각하는 갈대다. - 파스칼

사람을 싫어하는 것을 고치는 간단한 방법이 있다.
그것은 타인의 장점을 발견하는 것이다. - 카네기

나는 생각한다, 고로 나는 존재한다. - 데카르트

심장이 오늘 깨달은 것, 머리는 내일쯤 가서야 이해한다.
- 제임스 스티븐슨

화가 나면 열을 세어라. 풀리지 않으면 백을 세어라.
- 제퍼슨

믿음은 거울 같은 것이다.
한번 금이 가면 원래대로 합쳐지지 않는다. - 아미엘

마음이 상냥한 사람은 아무것도 손해 보지 않는다.
- 클라크

신뢰받는 것이 사랑받는 것보다 더 큰 찬사다. - 맥도널드

새로운 시간 속에는 새로운 마음을 담아야 한다.
- 아우구스티누스

생각하지 않고 읽는 것은 잘 씹지 않고 먹는 것과 같다.
- 버크

이해가 부족한 사람이 오해가 많은 사람보다 낫다.
- 아나톨 프랑스

바보도 때로는 좋은 충고를 한다. - 겔리우스

희망만 있으면 행복의 싹은 그곳에서 움튼다. - 괴테

행복하게 산다는 것은 마음의 평온함을 뜻한다.
- 시세로

꿈을 품어라. 꿈이 없는 사람은 아무런 생명력도 없는 인형과 같다. - 그라시안

인간의 마음은 출생할 때에는 백지(白紙)와 같다. - 로크

지갑이 가벼우면 마음이 무겁다.
- 프랭클린

낙천주의자는 청신호만 보는 사람이고,
비관주의자는 붉은 정지신호만 보는 사람이다.
- 슈바이처

. 자신감은 성공의 제일의 비결이다.
- 에머슨

시기와 질투는 언제나 남을 쏘려다가 자신을 쏜다.
- 맹자

소년이여, 야망을 가져라.
- 윌리엄 클라크

우리의 마음속에 있는 청렴보다 더 신성한 것은 없다.
- 에머슨

태양이 빛나는 한 인간의 가슴에는 희망이 빛난다.
- 라스커쉴러

삶에 관한 명언

눈물과 함께 빵을 먹어보지 않은 사람은
인생의 참다운 맛을 모른다.
- 괴테

내일 지구의 종말이 올지라도
나는 오늘 한 그루의 사과나무를 심겠다.
- 스피노자

40세가 넘은 사람은 자기 얼굴에 책임을 져야 한다.
- 링컨

오늘 할 수 있는 일은 내일로 미루지 말라.
- 제퍼슨

열심히 일하는 사람이 되기를 원한다면 열심히
행동해야 한다. - 카네기

도중에 포기하지 말라. 망설이지 말라. 최후의 성공을
거둘 때까지 밀고 나가자. - 카네기

하고자 하는 일은 반드시 착수하기 전에 충분히 연구하라.
- 카네기

하늘은 행동하지 않는 사람은 결코 돕지 않는다.
- 소포클레스

성공한 사람이 되려 하지 말고 가치 있는
사람이 되려고 하라. - 아인슈타인

겸손한 자만이 다스릴 것이요, 애써 일하는 자만이
가질 것이다. - 에머슨

우리는 오래 살기 위해서가 아니라 바르게 살기 위해
노력해야 한다. - 세네카

지나치지 않고 알맞게 행동해서 후회하는 일은 없다.
- 제퍼슨

썩은 나무에는 조각할 수 없고 진흙 담에는 덧칠할 수 없다.
- 공자

무슨 일이고 참을 수 있는 사람은 무슨 일이고
실행할 수 있다. - 보브나르그

그대의 일을 쫓으라. 일에 쫓기지 말라.
- 프랭클린

노동 뒤의 휴식이야말로 가장 편안하고
순수한 기쁨이다. - 칸트

목적 없이 존재하는 것은 아무 것도 없다.
- 보들레르

장래에 희망을 가져라! 그리하여 전진하라.
- 에디슨

너의 길을 가라. 남들이 무엇이라 하든지 내버려 두라.
- 단테

미래를 기다려서는 안 되며, 우리 스스로 만들어 가야 한다.
- 그라시안

우리 인생은 우리들이 노력한 만큼 가치가 있다.
　　　　　　– 모리악

돈으로 살 수 있는 행복이라 불리는 상품은 없다.
　　　　　　– 헨리 벤 다이크

돈의 가치를 알아보고 싶거든 남에게 돈을 꾸어 달라고
요청해 보라. – 스마일스

행복은 입맞춤과 같다. 행복을 얻기 위해서는
누군가에게 행복을 주어야만 한다.
　　　　　　– 디오도어 루빈

권리의 진정한 근원은 의무이다.
　　　　　　– 간디

인생이란 느끼는 자에게는 비극, 생각하는 자에게는
희극이다. – 라 브뤼에르

세상에는 오직 하나만의 진리가 있을 뿐이다.
그것은 서로 사랑하는 것이다.
　　　　　　– 롤랑

최후에 웃는 자가 가장 행복한 사람이다.
　　　　　　– 디오게네스

행복의 가장 큰 장애는 과대한 행복을 기대하는 것이다.
　　　　　　– 퐁트넬

오늘 할 수 있는 일에만 전력을 쏟으라.
　　　　　　– 뉴턴

인생은 왕복차표를 발행하지 않는다. 일단 떠나면 다시는 돌아오지 못한다. - 롤랑

행복을 즐겨야 할 시간은 지금이다. 행복을 즐겨야 할 장소는 여기다. - 로버트 인젠솔

보람 있게 보낸 하루가 편안한 잠을 가져다주듯이 값지게 쓰여진 인생은 편안한 죽음을 가져다준다.
- 레오나르도 다빈치

모든 양서를 읽는다는 것은 지난 몇 세기 동안에 걸친 가장 훌륭한 사람들과 대화를 하는 것과 같다.
- 데카르트

햇빛이 비치는 동안에 건초를 만들자.
- 세르반테스

재앙을 기회로 만들려고 노력하라.
- 록펠러

뜻이 있는 곳에 길이 있다. - 버나드 쇼

이마에 땀이 배어 나와야 빵을 먹을 권리가 있다.
- 톨스토이

언제까지나 계속되는 불행은 없다. - 롤랑

행동은 낮게 하고 목표는 높게 하라.
- 조지 허버트

인생은 한 번의 장거리 경주가 아니라, 숱한 단거리 경주의 연속이다. - 엘리엇

친구에 관한 명언

우정은 날개 없는 사랑이다.
- 바이런

가장 귀중한 재산은 사려가 깊고 헌신적인 친구이다.
- 다리우스

많은 벗을 가진 사람은 한 사람의 진실한 벗을 가질 수 없다.
- 아리스토텔레스

불행은 진정한 친구가 아닌 자를 가려준다.
- 아리스토텔레스

속마음을 나눌 수 있는 친구만이 인생의 역경을
헤쳐 나갈 수 있는 힘을 준다.
- 그라시안

다정한 벗을 찾기 위해서라면 천리 길도 멀지 않다.
- 톨스토이

친구가 되려는 마음을 갖는 것은 간단하지만,
우정을 이루기까지는 많은 시간이 걸린다.
- 아리스토텔레스

우정은 순간을 피게 하는 꽃이며 시간이 익게 하는 과실이다.
- 코체부

친구는 나의 기쁨을 배로 하고 슬픔을 반으로 한다.
- 키케로

친구를 갖는 것은 또 하나의 인생을 갖는 것이다.
- 그라시안

사랑보다 지성보다도 더 귀하고 나를 행복하게
해준 것은 우정이다.
- 헤르만 헤세

한 친구를 얻는 데는 오래 걸리지만 잃는 데는 잠시이다
- 릴리

벗이 없으면 어떤 좋은 일에도 만족이 없다.
- 세네카

착한 사람들과 벗하라, 그러면 너도 그들 중의
한 사람이 될 것이다.
- 세르반테스

자기 자신을 싸구려 취급하는 사람은 타인에게도
싸구려 취급을 받을 것이다.
- 윌리엄 해즐릿

그 사람을 모르면 그의 친구를 보라. 사람은 서로
마음에 맞는 사람들끼리 벗하기 때문이다.
- 메난드로스

시간에 관한 명언

그대의 하루하루를 그대의 마지막 날이라고 생각하라.
- 호라티우스

시간이 없다고 말하지 말라. 날마다 당신에게 주어지는 시간은 헬렌 켈러, 파스퇴르, 미켈란젤로, 마더 테레사, 레오나르도 다빈치, 토마스 제퍼슨, 아인슈타인에게 주어진 시간과 똑같다.
- 잭슨 브라운

행동에 나설 시간은 바로 지금이다. 무언가를 하는 데 너무 늦는다는 것은 있을 수 없다.
- 칼 샌드버그

미래의 가장 좋은 점은 한 번에 하루씩만 온다는 것이다.
- 에이브러햄 링컨

법률이 간과하고 있는 도둑이 있다. 그 도둑은 인간에게 가장 소중한 것을 훔쳐가는 자인데, 그것은 바로 시간이다.
- 나폴레옹

없을 때는 간절히 원하다가도 있을 때는 가장 형편없이 사용하는 게 시간이다.
- 윌리엄 펜

매 분을 잘 관리해야 한다. 그러면 매 시간은 저절로 관리가 될 것이다.
- 체스터필드 경

아, 소중한 1분 1초여! 시간을 달력으로 세지 말고
감각으로 세어라. 그러면 매 순간이 하루가 된다.
- 벤저민 디즈레일리

어떤 것을 주고라도 시간을 얻을 수는 없는 법이다.
시간이 필요하면 시간을 내는 수밖에 없다.
- 찰스 벅스턴

젊었을 때 열심히 배우지 않으면 늙어서 후회한다.
- 주희

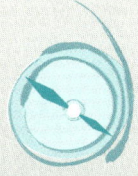